KB181323

JLPT 급소공략

급소만을 집중 공략한
JLPT(일본어능력시험) 완벽 대비서

N1 문자·어휘

다락원

머리말

일본어능력시험은 일본 국제교류기금 및 일본 국제교육지원협회가 1984년에 시작하여, 현재 전 세계 54개국 이상에서 매해 60~90만 명 이상이 응시하고 있는 세계 최대 규모이자 가장 공신력이 높은 일본어 자격시험입니다. 한국에서도 대학 입학이나 취업, 승진 등에 적용되는 사례가 갈수록 늘어나고 있으며, 남녀노소를 불문하고 수험생 수가 증가하고 있습니다.

2010년에 새롭게 개정된 일본어능력시험은 과거에 비교하면 '독해'와 '청해'의 비중이 높아지고 '문자·어휘'와 '문법'이 차지하는 비중이 작아졌습니다. 이는 단순 암기식 공부의 비중을 줄이고 커뮤니케이션 능력의 평가에 중점을 두겠다는 취지라고 볼 수 있습니다. 그러나 '문자·어휘'는 다른 언어 영역의 기초가 되는 만큼 그 중요성은 어떤 분야보다 중요하다고 할 수 있겠습니다.

본서는 2010년 개정된 첫 시험이 시행된 직후, 그 성격을 자세히 분석하여 초판을 발행하였습니다. 이후 8년여간 수많은 일본어능력시험의 학습 현장에서 활용되며 높은 적중률로 독자들의 신뢰와 사랑을 얻어왔습니다. 이에 필진은 8년간의 기출 문제를 새롭게 분석하여 개정판을 출간하게 되었습니다.

본서는 현 일본어능력시험의 출제 경향과 특징을 정확히 제시하고 기출 어휘를 완벽히 반영하였으며 향후 출제 가능성이 높은 어휘를 엄선하여 새롭게 구성하였습니다. 강의용 교재로 개발하였으나 단어의 음훈 및 뜻을 표기해 두었기 때문에 독학으로 학습하는 수험생도 충분히 사용할 수 있을 것입니다. 필진은 오랜 기간 일본어능력시험을 전문적으로 가르치면서 쌓은 노하우로 반드시 공부해야 할 어휘만을 엄선하여 이 책에 담았습니다. 본서의 내용을 완전히 숙지한다면 수험생 여러분께 반드시 좋은 결과가 있으리라 믿습니다.

끝으로, 책이 나오기까지 수고해 주신 다락원 일본어출판부 여러분과 그리고 검수를 도와주신 新井 環, 三田 亜希子 선생님께 감사의 말씀을 전합니다.

저자 일동

JLPT(일본어능력시험) N1 문자 · 어휘 유형 분석

일본어능력시험 N1 문자·어휘는 「한자읽기」, 「문맥규정」, 「유의표현」, 「용법」의 4가지 유형으로 25문제가 출제됩니다.

問題 1 한자읽기

밑줄 친 한자를 바르게 읽은 것을 찾는 문제로, 6 문제가 출제됩니다.

1 去年より利益がわずかに増えた。

1 りし　　2 りそく　　3 りえき　　4 りじゅん

問題 2 문맥규정

문맥에 맞는 어휘를 고르는 문제로 7문제가 출제됩니다.

7 物置の隅で、ほこり（　　）になっている古い人形を見つけた。

1 ぐるみ　　2 がらみ　　3 まみれ　　4 ずくめ

問題 3 유의표현

밑줄 친 단어나 표현과 의미가 비슷한 것을 찾는 문제로 6문제가 출제됩니다.

14 この映画は画期的な手法で製作された。

1 広く知られている　　2 最近ではめずらしい

3 非常に時間がかかる　　4 今までになく新しい

問題 4 용법

주어진 어휘의 올바른 사용법을 묻는 문제로 6문제가 출제됩니다.

20 連携

1 学校は地域と連携して生徒の安全を守っている。

2 複数の社員で一台のプリンターを連携して使っている。

3 最近の株価は、為替レートと連携して上下している。

4 登山のときには、必ず地図を連携してください。

교재의 구성과 특징

이 책은 일본어능력시험 N1 문자·어휘에 대비할 수 있도록 급소만을 집중 공략한 강의용 교재입니다.

본문

필수 학습 어휘를 12개의 Chapter에 나누어 담았습니다. 명사, 동사, 형용사 등 품사별로 분류하였으며, 기본적으로 오십음도순으로 정리하였습니다.

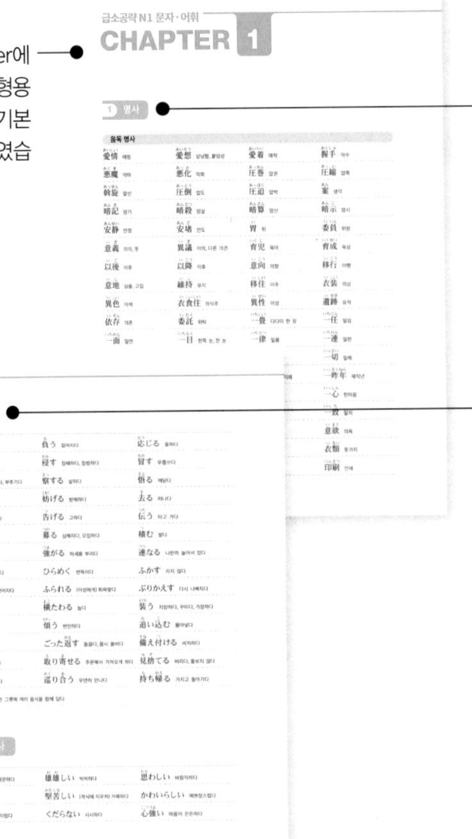
급소공략 N1 문자·어휘

CHAPTER 1

1 명사

음독 명사

2 동사

3 い형용사

명사는 음독 명사와 훈독 명사로 분류하였습니다. 「음독+음독」 또는 「훈독+훈독」 형태는 각각 음독 명사와 훈독 명사로 실었고, 「음독+훈독」 또는 「훈독+음독」 형태는 편의상 훈독 명사에 실었습니다.

동사는 기본적으로 오십음도순으로 정리하되, 같은 한자를 쓰거나 어간이 같은 동사, 자·타 대응 동사는 오십음도순에 어긋나더라도 비슷한 동사끼리 모아서 정리하였습니다. 「동사+동사」 또는 「명사+동사」 형태의 복합동사는 마지막에 따로 정리하였습니다.

い형용사, な형용사, 부사 및 기타, 가타카나어도 오십음도순으로 정리하였습니다.

3 い형용사

4 な형용사

5 부사 및 기타

6 가타카나어

연습 문제

각 Chapter에서 학습한 내용을 점검하는 문제입니다. 실제 시험보다 문제 개수를 늘려 충분한 연습이 되도록 하였습니다.

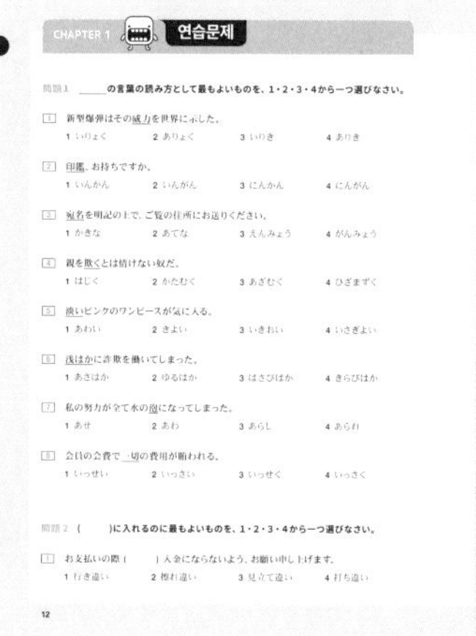

종합 모의고사

중간 점검을 위해 전체 12 Chapter의 절반인 6 Chapter가 끝날 때마다 모의고사를 배치하였습니다. 실제 시험과 같은 25문항으로 구성되어 있습니다. Chapter 6와 Chapter 12 뒤에 각각 2회분씩 총 4회분이 실려 있습니다.

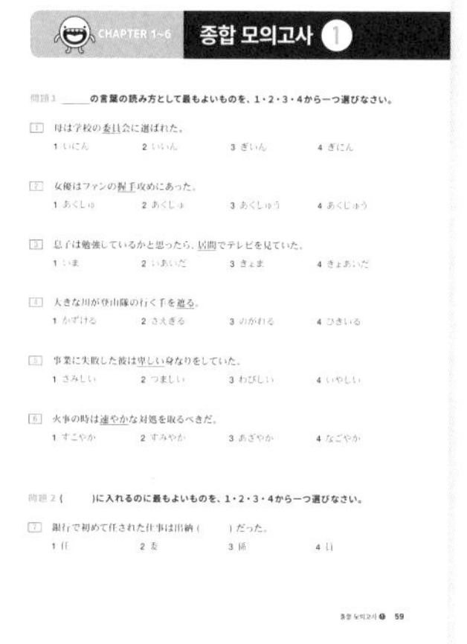

부록

최종 모의고사

마무리로 풀어볼 최종 모의고사 6회분이 실려 있습니다.

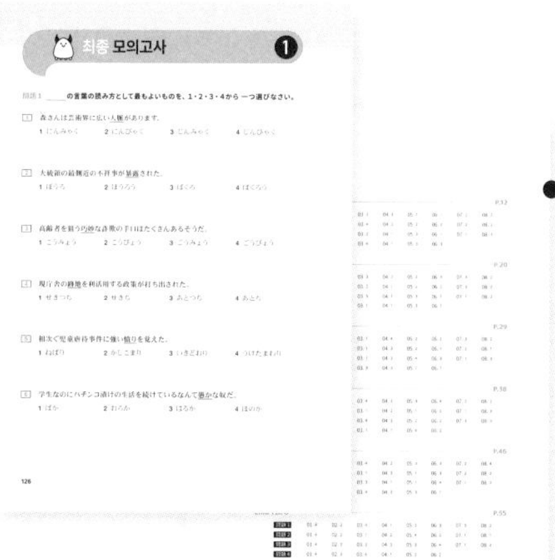

정답

각 Chapter의 연습문제와 종합 모의고사, 최종 모의고사의 정답이 실려 있습니다.

CONTENTS

CHAPTER 1

1 명사

음독 명사

愛情(あいじょう) 애정	愛想(あいそう) 상냥함, 붙임성	愛着(あいちゃく) 애착	握手(あくしゅ) 악수
悪魔(あくま) 악마	悪化(あっか) 악화	圧巻(あっかん) 압권	圧縮(あっしゅく) 압축
斡旋(あっせん) 알선	圧倒(あっとう) 압도	圧迫(あっぱく) 압박	案(あん) 생각
暗記(あんき) 암기	暗殺(あんさつ) 암살	暗算(あんざん) 암산	暗示(あんじ) 암시
安静(あんせい) 안정	安堵(あんど) 안도	胃(い) 위	委員(いいん) 위원
意義(いぎ) 의의, 뜻	異議(いぎ) 이의, 다른 의견	育児(いくじ) 육아	育成(いくせい) 육성
以後(いご) 이후	以降(いこう) 이후	意向(いこう) 의향	移行(いこう) 이행
意地(いじ) 심술, 고집	維持(いじ) 유지	移住(いじゅう) 이주	衣装(いしょう) 의상
異色(いしょく) 이색	衣食住(いしょくじゅう) 의식주	異性(いせい) 이성	遺跡(いせき) 유적
依存(いぞん) 의존	委託(いたく) 위탁	一畳(いちじょう) 다다미 한 장	一任(いちにん) 일임
一面(いちめん) 일면	一目(いちもく) 한쪽 눈, 한 눈	一律(いちりつ) 일률	一連(いちれん) 일련
一家(いっか) 한 집	一括(いっかつ) 일괄	一環(いっかん) 일환	一切(いっさい) 일체
逸材(いつざい) 일재, 뛰어난 재능 또는 인재		一昨日(いっさくじつ) 그저께	一昨年(いっさくねん) 재작년
一種(いっしゅ) 일종	一瞬(いっしゅん) 일순간	一生(いっしょう) 일생	一心(いっしん) 한마음
一掃(いっそう) 일소	一帯(いったい) 일대	逸脱(いつだつ) 일탈	一致(いっち) 일치
一変(いっぺん) 일변	衣服(いふく) 의복	移民(いみん) 이민	意欲(いよく) 의욕
衣料(いりょう) 의료, 의복의 재료	医療(いりょう) 의료	威力(いりょく) 위력	衣類(いるい) 옷가지
異論(いろん) 이론	印鑑(いんかん) 인감	隠居(いんきょ) 은거	印刷(いんさつ) 인쇄

印象(いんしょう) 인상	引退(いんたい) 은퇴	引用(いんよう) 인용	引力(いんりょく) 인력

훈독 명사

合図(あいず) 신호	間柄(あいだがら) 관계	合間(あいま) 짬	垢(あか) 때
証(あかし) 증거	明方(あけがた) 새벽녘	顎(あご) 턱	麻(あさ) 마
朝寝坊(あさねぼう) 늦잠을 잠	足跡(あしあと) 발자국	足元(あしもと) 발 밑	汗(あせ) 땀
値(あたい) 값, 가치	宛名(あてな) (우편, 서류) 상대의 이름이나 주소		跡(あと) 자국
跡地(あとち) 철거지, 잔해	雨具(あまぐ) 우비	網(あみ) 그물	編物(あみもの) 뜨개질
飴(あめ) 사탕	過ち(あやまち) 실수, 잘못	嵐(あらし) 폭풍우	霰(あられ) 싸라기눈
有様(ありさま) 모양	泡(あわ) 거품	言い訳(いいわけ) 변명	家出(いえで) 가출
勢い(いきおい) 기세	意気込み(いきごみ) 의욕, 열의	行き違い(いきちがい) 엇갈림	憤り(いきどおり) 분개, 분노
生花(いけばな) 꽃꽂이	泉(いずみ) 샘	板(いた) 판	市場(いちば) 시장
偽り(いつわり) 거짓	糸口(いとぐち) 단서, 실마리	稲光(いなびかり) 번개	稲(いね) 벼
居眠り(いねむり) 앉아서 졺	居間(いま) 거실	嫌味(いやみ) 싫은 소리	

2 동사

仰ぐ(あおぐ) 우러러보다	扇ぐ(あおぐ) 부채질하다	明かす(あかす) 밝히다
嘲る(あざける) 조소하다, 비웃다	欺く(あざむく) 속이다	戒める(いましめる) 경고하다, 제지하다
からかう 조롱하다, 놀리다	遮る(さえぎる) 차단하다, (가로)막다	冴える(さえる) 추워지다
遡る(さかのぼる) 거슬러 올라가다	裂く(さく) 찢다	割く(さく) 할애하다
探る(さぐる) 더듬다, 찾다	しくじる 망치다, 실패하다	縮む(ちぢむ) 오그라들다, 줄어들다
縮れる(ちぢれる) 주름이 지다	散らす(ちらす) 흩뜨리다	散る(ちる) 흩어지다

通(つう)じる 통하다	仕(つか)える 섬기다	支(つか)える 막히다
はう 기어가다	はがす 벗기다	はかどる 진척되다
はぐらかす 얼버무리다	はげる 머리가 벗겨지다	はじく 튀기다
はじける (여물어) 터지다	はしゃぐ 들떠서 떠들다	群(むら)がる 떼지어 모이다
群(む)れる 떼를 짓다	命(めい)じる 명령하다	恵(めぐ)む 은혜를 베풀다
当(あ)てはまる 들어맞다	打(う)ち明(あ)ける (비밀·고민 등을) 털어 놓다	打(う)ち出(だ)す (주장을) 명확히 내세우다
差(さ)し伸(の)べる 내밀다	仕(し)入(い)れる 매입하다	煮(に)詰(つ)まる 의견이 좁혀지다
抜(ぬ)け出(だ)す 살짝 도망치다	塗(ぬ)り替(か)える 다시 칠하다, 일신하다	見(み)合(あ)わせる 마주보다
見(み)送(おく)る 배웅하다	目(め)覚(ざ)める 잠에서 깨다	物語(ものがた)る 이야기하다

3 い형용사

青白(あおじろ)い 창백하다	あくどい 악랄하다, 지독하다	味気(あじけ)ない 재미없다
淡(あわ)い 진하지 않다	著(いちじる)しい 현저하다	いぶかしい 의심스럽다
卑(いや)しい 비천하다, 초라하다	いらだたしい 초조하다	えげつない 야비하다
焦(じ)れったい 애타다, 초조하다	そっけない 무정하다, 무뚝뚝하다	つれない 무정하다, 냉정하다
名高(なだか)い 유명하다	もどかしい 답답하다	

4 な형용사

大(おお)らか 대범하고 느긋함	浅(あさ)はか 어리석음	鮮(あざ)やか 선명함
あべこべ 반대임	ありきたり 진부함, 얼마든지 있음	哀(あわ)れ 가엾음
外向的(がいこうてき) 외향적임	奇妙(きみょう) 기묘함	恐縮(きょうしゅく) 죄송하게 여김

清(きよ)らか 청아함	速(すみ)やか 신속함	性急(せいきゅう) 성급함
静寂(せいじゃく) 고요함	内向的(ないこうてき) 내향적임	なおざり 등한함
無愛想(ぶあいそう) 무뚝뚝함, 상냥하지 못함	無礼(ぶれい) 무례함	

5 부사 및 기타

あくまで 끝까지	あたかも 마치	予(あらかじ)め 미리, 사전에
いかにも 자못, 매우	いとも 매우, 아주	ざっと 대강
さながら 마치	さも 자못	すっと 훌쩍, 쓱
土台(どだい) 애당초	突如(とつじょ) 갑자기	苛々(いらいら) 초조해하는 모양
かさかさ 바삭바삭, 꺼칠꺼칠	がさがさ 바스락바스락	たらたら 뚝뚝, 줄줄
びしょびしょ 흠뻑 젖은 모양	ぴったり 꼭, 꽉	ひらひら 펄럭펄럭
おまけに 게다가	諸(しょ)～ 제~, 여러~	丸(まる)～ 통째로 ~, 고스란히 ~

6 가타카나어

ウエディングケーキ 웨딩 케이크	クリーニング 세탁	シャーマニズム 샤머니즘
ショック 쇼크	タキシード 턱시도	チャイルドシート 차일드 시트
デメリット 디메리트	ノイローゼ 노이로제	ハイジャック 하이잭, 공중 납치
プロポーズ 프러포즈	ベビーシッター 베이비 시터	ベビーフード 이유식
ホームレス 홈리스	メリット 메리트	モップ 자루걸레
ユーモア 유머	ワクチン 백신	

問題1　＿＿＿の言葉の読み方として最もよいものを、1・2・3・4から一つ選びなさい。

1　新型爆弾はその威力を世界に示した。

1 いりょく　2 ありょく　3 いりき　4 ありき

2　印鑑、お持ちですか。

1 いんかん　2 いんがん　3 にんかん　4 にんがん

3　宛名を明記の上で、ご覧の住所にお送りください。

1 かきな　2 あてな　3 えんみょう　4 がんみょう

4　親を欺くとは情けない奴だ。

1 はじく　2 かたむく　3 あざむく　4 ひざまずく

5　淡いピンクのワンピースが気に入る。

1 あわい　2 きよい　3 いきおい　4 いさぎよい

6　浅はかに詐欺を働いてしまった。

1 あさはか　2 ゆるはか　3 はさびはか　4 きらびはか

7　私の努力が全て水の泡になってしまった。

1 あせ　2 あわ　3 あらし　4 あられ

8　会員の会費で一切の費用が賄われる。

1 いっせい　2 いっさい　3 いっせく　4 いっさく

問題2　(　　　)に入れるのに最もよいものを、1・2・3・4から一つ選びなさい。

1　お支払いの際(　　　)入金にならないよう、お願い申し上げます。

1 行き違い　2 擦れ違い　3 見立て違い　4 打ち違い

2 近年、（　　　）をする人が少なくなった。

1 偏物　　2 編物　　3 篇物　　4 遍物

3 不動産のチラシに『六（　　　）和室－東向き』という広告がある。

1 枚　　2 隻　　3 数　　4 畳

4 今度、発表された国政運営を全面的に（　　　）べきだという声が高い。

1 立て替える　　2 塗り替える　　3 買い替える　　4 取り替える

5 地震の被災者に救助の手を（　　　）。

1 引き伸ばす　　2 差し伸べる　　3 繰り延べる　　4 申し上げる

6 商売のやり方が（　　　）なら、客はだんだん減るだろう。

1 せつない　　2 えげつない　　3 いとしい　　4 いざとい

7 歴史に（　　　）京都の清水寺（きよみずでら）を訪れた。

1 連れない　　2 名高い　　3 名残惜しい　　4 よそよそしい

8 教科書を（　　　）暗記して試験に臨む学生はかなりいるということだ。

1 全　　2 丸　　3 統　　4 内

問題3　＿＿＿の言葉に意味が最も近いものを、1・2・3・4から一つ選びなさい。

1 『始め』という<u>サイン</u>の後に、問題用紙を開いてください。

1 合図　　2 標識　　3 思惑　　4 指図

2 日本では１９００年初期、海外移民を<u>斡旋</u>することが多かった。

1 取り入れ　　2 取り扱い　　3 取り持ち　　4 取り引き

3　カーテンで光を遮断し、理科の実験をした。

1 はかどり　　2 さえぎり　　3 ためらい　　4 とまどい

4　サッカーの話になると、彼はさも真剣な表情で話し始めた。

1 いかにも　　2 いきなり　　3 さらに　　4 どうにか

5　内田(うちだ)さんはいつも遅刻しては弁解ばかりを言う。

1 言いぶり　　2 言いかえ　　3 言い訳　　4 言いなり

6　被害者は正直な答えを言わずにはぐらかした。

1 そらした　　2 ぬらした　　3 こげた　　4 はしゃいだ

7　同級生が私を臆病者(おくびょうもの)とあざけった。

1 からかった　　2 あきれた　　3 はじけた　　4 はがした

8　そんなつれないこと言わないでください。

1 弱々しい　　2 馬鹿馬鹿しい　　3 そっけない　　4 いぶかしい

問題4　次の言葉の使い方として最もよいものを、1・2・3・4から一つ選びなさい。

1　間柄

1 この家の間取りの間柄はあんまりだ。

2 名門大学出だと間柄ばかり話している。

3 彼は家の間柄がいいことをいつも自慢している。

4 彼らは血もわけていないのに、兄弟のような間柄である。

2　愛想

1 彼は愛想よく話しかけてきた。

2 夕べ愛想の悪い夢にうなされた。

3 彼女のことを考えただけで愛想が湧く。

4 悪い愛想にさいなまれて病院に通っている。

3 勢い

1 誤ったら勢いよく謝るべきだ。

2 若い時には勢いも過ちもよくありがちだ。

3 犯人は堂々とした勢い姿で法廷に出頭した。

4 山火事は火の勢いが弱くなり、消える見込みです。

4 味気ない

1 味気ない話はもうごめんだ。

2 海兵隊は味気ない行動で上陸する。

3 和食は味気なくて塩をかけて食べた方がいい。

4 仕事を辞め、味気ない生活を送ろうと思っている。

5 一律

1 一律の費用は私が持ちます。

2 信号が変わり、車は一律に走り出した。

3 賃金は一律12パーセント引き上げられた。

4 不注意による事故は一律責任は負いかねます。

6 煮詰まる

1 会場は人波で煮詰まっていた。

2 相撲もいよいよ煮詰まりを迎えた。

3 長引いた会議も大分煮詰まってきた。

4 彼らの考え方はまだ煮詰まっていないみたい。

CHAPTER 2

1 명사

음독 명사

宇宙(うちゅう) 우주	運(うん) 운	運営(うんえい) 운영	運河(うんが) 운하
運送(うんそう) 운송	運賃(うんちん) 운임	運搬(うんぱん) 운반	運輸(うんゆ) 운수
英字(えいじ) 영자	映写(えいしゃ) 영사	衛生(えいせい) 위생	衛星(えいせい) 위성
映像(えいぞう) 영상	英文(えいぶん) 영문	英雄(えいゆう) 영웅	栄養(えいよう) 영양
英和(えいわ) 영어와 일본어	液体(えきたい) 액체	閲覧(えつらん) 열람	縁(えん) 인연
宴会(えんかい) 연회	沿岸(えんがん) 연안	延期(えんき) 연기	園芸(えんげい) 원예
演劇(えんげき) 연극	円周(えんしゅう) 원주	演習(えんしゅう) 연습	演出(えんしゅつ) 연출
援助(えんじょ) 원조	演説(えんぜつ) 연설	沿線(えんせん) 연선	演奏(えんそう) 연주
遠足(えんそく) 소풍	縁談(えんだん) 혼담	延長(えんちょう) 연장	煙突(えんとつ) 굴뚝
鉛筆(えんぴつ) 연필	遠方(えんぽう) 먼 곳	延命(えんめい) 연명	応援(おうえん) 응원
応急(おうきゅう) 응급	横行(おうこう) 횡행	黄金(おうごん) 황금	王子(おうじ) 왕자
王女(おうじょ) 공주	往診(おうしん) 왕진	応接(おうせつ) 응접	応対(おうたい) 응대
横断(おうだん) 횡단	往復(おうふく) 왕복	欧米(おうべい) 구미	応募(おうぼ) 응모
応用(おうよう) 응용	億(おく) 억	屋外(おくがい) 옥외	汚染(おせん) 오염
恩恵(おんけい) 은혜	温室(おんしつ) 온실	温泉(おんせん) 온천	温帯(おんたい) 온대
温暖(おんだん) 온난			

훈독 명사

植木(うえき) 정원수	受身(うけみ) 수동	渦(うず) 소용돌이	嘘(うそ) 거짓
転寝(うたたね) 선잠	団扇(うちわ) 부채	内訳(うちわけ) 내역	器(うつわ) 그릇
腕前(うでまえ) 솜씨, 실력	梅(うめ) 매화	裏(うら) 뒷면	裏口(うらぐち) 뒷문
裏付(うらづ)け 뒷받침, 확실한 증거	噂(うわさ) 소문	柄(え) 자루, 손잡이	餌(えさ) 모이
絵(え)の具(ぐ) 그림 물감	獲物(えもの) 어획물	襟(えり) 옷깃	縁側(えんがわ) 툇마루
尾(お) 꼬리	甥(おい) 조카	王様(おうさま) 임금	大筋(おおすじ) 줄거리
大通(おおどおり) 큰길	大空(おおぞら) (넓은) 하늘	大水(おおみず) 홍수	大家(おおや) 집주인
公(おおやけ) 공공	丘(おか) 언덕	沖(おき) 먼 바다	御辞儀(おじぎ) 머리 숙여 인사함
雄(おす) 수컷	御世辞(おせじ) 발림말	落葉(おちば) 낙엽	御使(おつか)い 심부름꾼
お手上(てあ)げ 손듦	同(おな)い年(どし) 동갑	鬼(おに) 귀신	帯(おび) 띠
表(おもて) 겉	趣(おもむき) 정취, 느낌	親父(おやじ) 아버지	折(おり) 때
檻(おり) 우리	織物(おりもの) 직물	俺(おれ) 나<남성>	御中(おんちゅう) 귀중

2 동사

承(うけたまわ)る 받다, 듣다<겸사말>	討(う)つ 토벌하다, 무찌르다	埋(う)まる 묻히다, 메워지다
占(うらな)う 점치다	老(お)いる 늙다	捧(ささ)げる 양손으로 받들다
授(さず)かる 내려주시다	授(さず)ける 하사하다, 내려 주다	摩(さす)る 문지르다
定(さだ)まる 정해지다	漬(つ)かる 맛이 들다, 익다	漬(つ)ける 담그다, 절이다
浸(つ)かる 잠기다	尽(つ)くす 다하다	償(つぐな)う 변상하다
繕(つくろ)う 수선하다	ばてる 지치다	はびこる 만연하다
はまる 꼭 끼이다	ばれる 들통나다	ひがむ 비뚤어지다

ひざまずく 무릎을 꿇다	へつらう 아첨하다	やつれる 수척해지다
止(や)む 그치다	病(や)む 병들다	歪(ゆが)む 비뚤어지다
委(ゆだ)ねる 위임하다	揺(ゆ)らぐ 흔들리다	揺(ゆ)るがす 뒤흔들다
売(う)り込(こ)む 선전하거나 권해서 팔다	生(お)い茂(しげ)る 초목이 우거지다	仕立(した)てる 만들다
せき止(と)める 막다	たて突(つ)く 반항하다, 대들다	寝込(ねこ)む (병으로) 오래 자리에 눕다
寝付(ねつ)く 잠들다	乗(の)り出(だ)す 착수하다	踏(ふ)み倒(たお)す (대금· 빚을) 떼어먹다
見(み)かける 눈에 띄다	見過(みす)ごす 간과하다	

3 い형용사

厚(あつ)かましい 뻔뻔하다	危(あや)うい 위태롭다, 위험하다	荒々(あらあら)しい 난폭하다
荒(あら)っぽい 거칠다	勇(いさ)ましい 용감하다	初々(ういうい)しい 앳되고 숫접다
後(うし)ろめたい 뒤가 켕기다	うっとうしい 울적하다	おびただしい (수량이) 굉장히 많다
賢(かしこ)い 영리하다	すがすがしい 상쾌하다	慎(つつ)ましい 검소하다, 얌전하다

4 な형용사

安易(あんい) 안이함, 손쉬움	粋(いき) 세련됨	一様(いちよう) 한결같음
愚(おろ)か 어리석음	頑(かたく)な 완고함	肝心(かんじん) 중요함
強硬(きょうこう) 강경함	きらびやか 눈부시게 화려함	空虚(くうきょ) 공허함
軽薄(けいはく) 경박함	質素(しっそ) 검소함	入念(にゅうねん) 정성들임
俄(にわ)か 갑자기, 별안간	念入(ねんい)り 공들임	ぺしゃんこ 납작해짐
膨大(ぼうだい) 방대함	仄(ほの)か 아련함	

5 부사 및 기타

あながち 반드시<부정 수반함>	危(あや)うく 아슬아슬하게	勢(いきお)い 당연한 결과로
今更(いまさら) 이제 와서	散々(さんざん) 심하게	強(し)いて 억지로, 굳이
到底(とうてい) 도저히	取(と)り分(わ)け 특히	殊更(ことさら) 특별히
うすうす 희미하게, 어렴풋이	がたがた 부들부들	かちかち 똑딱똑딱, 재깍재깍
がっかり 낙담하는 모양	きつきつ 껄껄	ことこと 보글보글
さらさら 술술, 줄줄	じめじめ 구질구질	そわそわ 안절부절
ちくちく 콕콕	ぶるぶる 부들부들	ふわふわ 둥실둥실
ぺこぺこ 굽실굽실	すべがない 방법이 없다	

6 가타카나어

アリバイ 알리바이	アレルギー 알레르기	ウイルス 바이러스
ウインク 윙크	ガードマン 경비원	カプセル 캡슐
ギプス 깁스	クリニック 클리닉	コンスタント 콘스턴트, 항상 일정함
スムーズ 스무드, 원활함	デリケート 섬세함	ナプキン 냅킨
パニック 패닉	プライド 프라이드	プライバシー 프라이버시
ホームシック 향수병	リカバリールーム 회복실	ルーズ 칠칠치 못함

問題1 ＿＿＿の言葉の読み方として最もよいものを、1・2・3・4から一つ選びなさい。

1 新幹線(しんかんせん)の沿線に桜がきれいに咲いている。

1 えんせん　2 えんぜん　3 ねんせん　4 ねんぜん

2 この地域は冬季は温暖な気候だから安心してください。

1 おんらん　2 おんだん　3 おんなん　4 おんがん

3 建築材を運搬するのは危険が伴う。

1 うんてん　2 うんでん　3 うんぱん　4 うんばん

4 ズボンのかぎ裂きを繕おうとしたが、なかなか難しい。

1 うやまおう　2 つくろおう　3 からかおう　4 よそおおう

5 祖国のために勇ましく戦った彼らの名前は永久に残るだろう。

1 おおましく　2 いさましく　3 わびましく　4 めめましく

6 今度、海外営業部から来た部長は粋ななりをしていた。

1 わく　2 すい　3 いき　4 けた

7 長崎(ながさき)の街にはどことなく異国の趣があります。

1 ふかみ　2 あじわい　3 おもむき　4 ふぜい

8 ご趣旨を承りました。

1 かしこまりました　2 うけたまわりました

3 うけはいりました　4 さだまりました

問題2 （　　　）に入れるのに最もよいものを、1・2・3・4から一つ選びなさい。

1 父は作品完成のため徹夜がたたり、秋の暮れから（　　　）しまった。

1 寝込んで　2 突っ込んで　3 指し込んで　4 眠り込んで

2 管理費の（　　　）を明らかにするべきだ。

1 組訳　2 内訳　3 申訳　4 事訳

3 手入れを怠ったばかりに庭に雑草が（　　　）。

1 生え変わった　2 生い茂った　3 生まれ変わった　4 生き延びた

4 思いつくままに（　　　）とペンを走らせた。

1 かちかち　2 さらさら　3 ぺこぺこ　4 よろよろ

5 最近、体育の時間に（　　　）スポーツをしなくなる学校が多くなった。

1 野外　2 屋外　3 家屋　4 屋上

6 こっそり（　　　）営業をしている飲食店が増えている。

1 表口　2 裏口　3 商口　4 請口

7 安楽死や尊厳死や（　　　）措置など人の命をめぐる意見は様々である。

1 伸命　2 長命　3 延命　4 続命

8 刑事は何か小さな物を拾い上げると（　　　）に調べた。

1 気障り　2 念入り　3 頻繁　4 円満

問題3 ＿＿＿の言葉に意味が最も近いものを、1・2・3・4から一つ選びなさい。

1 憲法の改正をめぐっての問題は<u>スムーズ</u>に収まった。

1 円満　2 円滑　3 活発　4 活性

2 首相は日韓の歴史問題で賠償を行う必要があると非公開に表明した。

1 にない　　2 しのぎ　　3 またがり　　4 つぐない

3 最近、若者の間で軽薄な風潮がはびこっているのは大問題だ。

1 流布している　　2 分布している　　3 横行している　　4 伝達している

4 三連休だけあって空港にはおびただしい人出だ。

1 多々　　2 少々　　3 徐々　　4 着々

5 彼はデリケートな神経の持ち主だ。

1 明細　　2 明白　　3 繊細　　4 詳細

6 政治家の違法行為を見過ごすことは出来ない。

1 看過する　　2 待遇する　　3 非難する　　4 通過する

7 その件は社長の手に委ねられている。

1 任せられて　　2 定められて　　3 授けられて　　4 捧げられて

8 今日、結果が分かると思うとそわそわしてしまう。

1 どきどき　　2 せかせか　　3 わくわく　　4 じめじめ

問題4　次の言葉の使い方として最もよいものを、1・2・3・4から一つ選びなさい。

1 閲覧

1 病床に就いている友人を閲覧してきた。

2 ひき逃げした車を閲覧した人を捜します。

3 生放送でサッカーの閲覧が出来て嬉しかった。

4 図書館で10年前の新聞を閲覧することが出来た。

2 大筋

1 毎日運動して大筋を鍛え上げよう。

2 和食の大筋にかけては彼の右に出る者はいない。

3 このマンションの大筋は鉄筋コンクリートで造られた。

4 今度、放映されるドラマの大筋を伺ってもいいのですか。

3 やつれる

1 父は会社のことでやつれた顔をしていた。

2 送別会で課長は悲しげにやつれることを言った。

3 試験に落ちた彼は今までのことをやつれそうに話した。

4 亡き母のことを考えると心がやつれて何も言えなかった。

4 踏み倒す

1 社長は借金を踏み倒して夜逃げをしたとか。

2 授業が終わるまで席を踏み倒してはいけない。

3 つまずいて相手と一緒に踏み倒してしまった。

4 あの関取(せきとり)の踏み倒し技は素晴らしいものがある。

5 後ろめたい

1 レース中、前の車を後ろめたく追い付いた。

2 引き受けたからには前向きに後ろめたくやりましょう。

3 居留守を使ってしまったので後ろめたい気がしてならない。

4 難関と言われた外交官の試験に受かった彼は後ろめたげな顔をしていた。

6 取り分け

1 今年の夏は例年に比べて取り分け暑い。

2 試合は2対2で惜しくも取り分けになった。

3 注文は後にします。取り分け、お冷やください。

4 家賃と公共料金を取り分けにしたら同じだった。

정답은 P.156

CHAPTER 3

1 명사

음독 명사

かいあく 改悪 개악	かいうん 海運 해운	かいが 絵画 회화	がいか 外貨 외화
かいかく 改革 개혁	かいがん 海岸 해안	がいかん 外観 외관	かいきゅう 階級 계급
かいきょう 海峡 해협	かいこ 回顧 회고	かいご 介護 개호, 간호, 구완	かいごう 会合 회합
がいこう 外交 외교	かいさい 開催 개최	かいさん 解散 해산	かいしゃく 解釈 해석
かいしゅう 回収 회수	かいしゅう 改修 개수	かいじゅう 怪獣 괴수	かいじょ 解除 해제
がいしょう 外相 외무부장관	かいしん 会心 회심	かいせい 改正 (법) 개정	かいせい 快晴 쾌청
かいせつ 開設 개설	かいぜん 改善 개선	かいそう 回送 회송	かいそう 回想 회상
かいそう 階層 계층	かいぞう 改造 개조	かいたく 開拓 개척	かいつう 開通 개통
かいてい 改訂 (책) 개정	かいどう 街道 가도	がいとう 該当 해당	がいとう 街頭 가두
がいねん 概念 개념	かいばつ 海抜 해발	かいほう 介抱 간호	かいぼう 解剖 해부
がいよう 概要 개요	かいらん 回覧 회람	がいりゃく 概略 개략	かいりょう 改良 개량
かいろ 海路 해로, 뱃길	かいろ 回路 회로	かくう 架空 가공	がくげい 学芸 학예
かくご 覚悟 각오	かくさ 格差 격차	かくさん 拡散 확산	かくしゅう 隔週 격주
かくしん 革新 혁신	かくとく 獲得 획득	がくふ 楽譜 악보	かくほ 確保 확보
かくめい 革命 혁명	かけつ 可決 가결	かこう 下降 하강	かこう 加工 가공
かごう 化合 화합	かざん 火山 화산	かしつ 過失 과실	かじつ 果実 과실
かしょ 箇所 개소	かじょう 過剰 과잉	かせき 化石 화석	かせん 河川 하천
かそ 過疎 과소	かだん 花壇 화단	かちく 家畜 가축	かっき 活気 활기

画期(かっき) 획기	括弧(かっこ) 괄호	活字(かつじ) 활자	合唱(がっしょう) 합창
合致(がっち) 합치	合併(がっぺい) 합병	活躍(かつやく) 활약	稼働(かどう) 가동
加熱(かねつ) 가열	貨幣(かへい) 화폐	加味(かみ) 가미	過密(かみつ) 과밀
貨物(かもつ) 화물	過労(かろう) 과로	癌(がん) 암	簡易(かんい) 간이
眼科(がんか) 안과	眼球(がんきゅう) 안구	玩具(がんぐ) 완구	完結(かんけつ) 완결
還元(かんげん) 환원	看護(かんご) 간호	刊行(かんこう) 간행	慣行(かんこう) 관행
勧告(かんこく) 권고	換算(かんさん) 환산	監視(かんし) 감시	慣習(かんしゅう) 관습
観衆(かんしゅう) 관중	干渉(かんしょう) 간섭	感染(かんせん) 감염	幹線(かんせん) 간선
鑑定(かんてい) 감정	幹部(かんぶ) 간부	勘弁(かんべん) 용서함	関与(かんよ) 관여
慣用(かんよう) 관용	完了(かんりょう) 완료	官僚(かんりょう) 관료	貫禄(かんろく) 관록
漢和(かんわ) 중국과 일본	緩和(かんわ) 완화		

훈독 명사

蚊(か) 모기	貝(かい) 조개	貝殻(かいがら) 조개껍질	書留(かきとめ) 등기
垣根(かきね) 울타리	崖(がけ) 벼랑	駆け足(かけあし) 구보, 뛰어감	掛算(かけざん) 곱셈
籠(かご) 바구니	貸出し(かしだし) 대출	貸間(かしま) 셋방	貸家(かしや) 셋집
頭(かしら) 머리	片思い(かたおもい) 짝사랑	片言(かたこと) 서투른 말씨	刀(かたな) 칼
傍ら(かたわら) 곁	鐘(かね) 종	釜(かま) 가마솥	紙屑(かみくず) 휴지
剃刀(かみそり) 면도칼	雷(かみなり) 천둥	粥(かゆ) 죽	殻(から) 껍질
狩(かり) 사냥	仮免許(かりめんきょ) 임시 면허	為替(かわせ) 외환	瓦(かわら) 기와
冠(かんむり) 관			

2 동사

追う(おう) 좇다	負う(おう) 짊어지다	応じる(おうじる) 응하다
犯す(おかす) (법률) 어기다	侵す(おかす) 침해하다, 침범하다	冒す(おかす) 무릅쓰다
おだてる 치켜세우다, 부추기다	察する(さっする) 살피다	悟る(さとる) 깨닫다
裁く(さばく) 재판하다	妨げる(さまたげる) 방해하다	去る(さる) 떠나다
触る(さわる) 만지다, 손을 대다	告げる(つげる) 고하다	伝う(つたう) 타고 가다
慎む(つつしむ) 조심하다	募る(つのる) 심해지다, 모집하다	積む(つむ) 쌓다
摘む(つむ) 뜯다, 따다	強がる(つよがる) 허세를 부리다	連なる(つらなる) 나란히 늘어서 있다
ひったくる 낚아채다	ひらめく 번뜩이다	ふかす 자지 않다
ふける (밤·계절이) 깊어지다	ふられる (이성에게) 퇴짜맞다	ぶりかえす 다시 나빠지다
よぎる 지나가다	横たわる(よこたわる) 눕다	装う(よそおう) 치장하다, 꾸미다, 가장하다
蘇える(よみがえる) 소생하다	煩う(わずらう) 번민하다	追い込む(おいこむ) 몰아넣다
追いつく(おいつく) 따라잡다	ごった返す(ごったがえす) 들끓다, 몹시 붐비다	備え付ける(そなえつける) 비치하다
立ち会う(たちあう) 입회하다	取り寄せる(とりよせる) 주문해서 가져오게 하다	見捨てる(みすてる) 버리다, 돌보지 않다
見損なう(みそこなう) 잘못 보다	巡り合う(めぐりあう) 우연히 만나다	持ち帰る(もちかえる) 가지고 돌아가다
盛り合わせる(もりあわせる) 한 그릇에 여러 음식을 함께 담다		

3 い형용사

潔い(いさぎよい) 미련이 없다, 깨끗하다	雄雄しい(おおしい) 씩씩하다	思わしい(おもわしい) 바람직하다
輝かしい(かがやかしい) 빛나다	堅苦しい(かたくるしい) (격식에 치우쳐) 거북하다	かわいらしい 예쁘장스럽다
くすぐったい 간지럽다	くだらない 시시하다	心強い(こころづよい) 마음이 든든하다

心細(こころぼそ)い 불안하다	何気(なにげ)ない 아무렇지도 않다	根強(ねづよ)い 뿌리깊다
粘(ねば)っこい 진득진득하다	粘(ねば)り強(づよ)い 끈질기다	根深(ねぶか)い 뿌리깊다

4 な형용사

異様(いよう) 색다름	陰気(いんき) 음침함	画一的(かくいつてき) 획일적임
簡潔(かんけつ) 간결함	頑固(がんこ) 완고함	極力(きょくりょく) 극력, 힘을 다함
緊密(きんみつ) 긴밀함	劇的(げきてき) 극적임	険悪(けんあく) 험악함
厳格(げんかく) 엄격함	切実(せつじつ) 절실함	繊細(せんさい) 섬세함
乗(の)り気(き) 마음이 내킴	のろま 아둔함	薄弱(はくじゃく) 박약함
間抜(まぬ)け 얼간이 같음	疎(まば)ら 드문드문함	身軽(みがる) 몸놀림이 가벼움
陽気(ようき) 명랑함, 쾌활함		

5 부사 및 기타

いくぶん 얼마간	いささか 다소	おおむね 대체로, 일반적으로
思(おも)い切(き)って 과감히	ことごとく 모두, 모조리	若干(じゃっかん) 얼마간, 약간
徐々(じょじょ)に 서서히	何(なに)かと 이것저것	何分(なに) 부디
がらがら 텅텅 빈	がらり 급변하는 모양, 홱, 싹	ぎっしり 빈틈없이 가득
ちびちび 찔끔찔끔, 홀짝홀짝	ちやほや 비위를 맞추는 모양	べたべた 끈적끈적
ぽかぽか 따끈따끈	ぼやぼや 멍하니 있는 모양	ぼんやり 멍청히, 멀거니
もりもり 버쩍버쩍		

6 가타카나어

インスタント 인스턴트	オーダーメード 오더 메이드	カジュアル 캐주얼
カフェイン 카페인	グルメ 미식가	コントラスト 콘트라스트, 대조, 대비
ストロー 스트로, 빨대	スニーカー 스니커즈	スポンジ 스펀지
ファーストフード 패스트푸드	フィルター 필터	フレーム 프레임
ベジタリアン 채식주의자	ヘビースモーカー 헤비 스모커	ミネラルウオーター 미네랄 워터
ランドセル 란도셀<초등학생용 책가방>	レギュラー 레귤러	

CHAPTER 3 연습문제

問題1 ＿＿＿の言葉の読み方として最もよいものを、1・2・3・4から一つ選びなさい。

1 手持ち外貨は全部両替してください。

1 かいか　2 かいが　3 がいか　4 がいが

2 今回の児童誘拐事件の概要は次のようです。

1 かいよう　2 がいよう　3 けいよう　4 げいよう

3 石で造られた垣根は費用がかかる。

1 かきね　2 がきね　3 たんね　4 だんね

4 アフリカの飢餓のための寄付金を募る。

1 さとる　2 どもる　3 うなる　4 つのる

5 日本に対する彼らの偏見は根強いものがあった。

1 ねつよい　2 ねづよい　3 ねこわい　4 ねごわい

6 そんな薄弱な論拠では誰も納得してくれないだろう。

1 はくやく　2 はくじゃく　3 ばくやく　4 ばくじゃく

7 宣教は生命の危険を冒してまでする価値のあることか。

1 まかして　2 さらして　3 おかして　4 かくして

8 それは憲法第1条に該当する項目だ。

1 かいとう　2 がいとう　3 かくとう　4 がくとう

問題2 (　　　)に入れるのに最もよいものを、1・2・3・4から一つ選びなさい。

1 彼は英語を専攻したそうだが、本当に (　　　) の英語だ。

1 一言　2 片言　3 直言　4 生言

2 大臣の不正が発覚され、野党は内閣総辞職に（　　　）。

1 仕込んだ　2 入り込んだ　3 駆け込んだ　4 追い込んだ

3 教室には（　　　）の医薬品がある。

1 備え付け　2 取り付け　3 取り扱い　4 積み立て

4 新しく赴任した知事は（　　　）を破ることから行政を始めた。

1 刊行　2 徐行　3 慣行　4 敢行

5 庭の掃除をしたら、汗で下着が（　　　）とくっ付いていた。

1 ぴかぴか　2 べたべた　3 もりもり　4 がらがら

6 一人で海外旅行に行くのは何か（　　　）。

1 心細い　2 息苦しい　3 思わしい　4 雄雄しい

7 代表チームは（　　　）な逆転勝利を収めた。

1 繊細　2 劇的　3 当然　4 厳格

8 諸外国に対する（　　　）偏見にとらわれないようにする。

1 根深い　2 欲深い　3 遠慮深い　4 執念深い

問題3　＿＿＿の言葉に意味が最も近いものを、1・2・3・4から一つ選びなさい。

1 生産がだぶつき気味だ。経済に悪い影響を与えるかもしれない。

1 過剰　2 過激　3 過敏　4 過疎

2 若気のあやまちで彼は全財産を失ってしまった。

1 魅惑　2 過失　3 懸念　4 誘惑

3 客をよそおって強盗を働く犯罪が頻繁に起こっている。

1 に変装して　2 に変化して　3 に変更して　4 に変身して

4 飛行機の音にしばしば安眠を妨害される。

1 よぎられる　2 ひったくられる　3 さまたげられる　4 ぶりかえされる

5 おだてていっぱいおごらせる。

1 くよくよして　2 もりもりして　3 ぽかぽかして　4 ちやほやして

6 このメガネのフレームはオーダーメードだ。

1 際　2 側　3 縁　4 縦

7 首相は潔く賄賂（わいろ）の疑惑を認めた。

1 思い切って　2 思いやられて　3 立て込んで　4 追い込まれて

8 会社を乗っ取る陰謀ではないかという考えがひらめいた。

1 煩った　2 悟られた　3 思い付いた　4 退けた

問題4　次の言葉の使い方として最もよいものを、1・2・3・4から一つ選びなさい。

1 改訂

1 １０年ぶりに漢和辞典が改訂されるようになった。
2 来年４月から新幹線（しんかんせん）の運賃が改訂されるようになった。
3 法律の改訂をめぐって野党の議員の反対は猛烈だった。
4 学校の校則を迅速に改訂すべきだという声が結構あるようだ。

2 干渉

1 授業中の私語は干渉してもらいたい。
2 監督は選手に２塁へ盗塁の干渉を送った。
3 この汁に香辛料を入れたら、臭みの干渉が取れます。
4 裁判に対する政府の干渉はあり得ないことであろう。

3 ごった返す

1 最近、忙しくて借りた本がごった返したままだ。

2 今までのことはごった返さないで頑張りましょう。

3 百貨店の中は買物客でごった返していた。

4 誰かに呼ばれた気がしてごった返してみたら誰もいなかった。

4 取り寄せる

1 怪しい人が何か言いたげに取り寄せてきた。

2 車に取り寄せてポーズを取って写真を撮った。

3 その本は国内になかったからアメリカから取り寄せた。

4 申し訳ありませんが、今月の給料を早く取り寄せたいのですが。

5 粘り強い

1 社長の職を引き受けるよう粘り強く彼を説得した。

2 彼はあきらめがよくて粘り強い人だと言われている。

3 彼らに対する偏見と差別はまだ粘り強く残っている。

4 この接着剤はあらゆる物を粘り強く固定することができる。

6 ちびちび

1 後輩はちびちび酒を飲んでいた。

2 酔っ払いがちびちび歩いている。

3 熱がちびちび上がって解熱剤を飲んだ。

4 赤ん坊がちびちびとお母さんの方に歩いた。

CHAPTER 4

1 명사

음독 명사

気圧(きあつ) 기압	議案(ぎあん) 의안	危害(きがい) 위해	器官(きかん) 기관
機関(きかん) 기관	季刊(きかん) 계간	帰郷(ききょう) 귀향	戯曲(ぎきょく) 희곡
飢饉(ききん) 기근	喜劇(きげき) 희극	議決(ぎけつ) 의결	棄権(きけん) 기권
機構(きこう) 기구	既婚(きこん) 기혼	記載(きさい) 기재	記事(きじ) 기사
技師(ぎし) 기사	議事堂(ぎじどう) 의사당	奇数(きすう) 홀수	規制(きせい) 규제
犠牲(ぎせい) 희생	寄贈(きぞう) 기증	偽造(ぎぞう) 위조	貴族(きぞく) 귀족
議長(ぎちょう) 의장	軌道(きどう) 궤도	規範(きはん) 규범	基盤(きばん) 기반
気風(きふう) 기풍	起伏(きふく) 기복	規模(きぼ) 규모	脚色(きゃくしょく) 각색
脚本(きゃくほん) 각본	救援(きゅうえん) 구원	急遽(きゅうきょ) 급거	究極(きゅうきょく) 궁극
求婚(きゅうこん) 구혼	救済(きゅうさい) 구제	休息(きゅうそく) 휴식	宮殿(きゅうでん) 궁전
窮乏(きゅうぼう) 궁핍	究明(きゅうめい) 구명	丘陵(きゅうりょう) 구릉	寄与(きよ) 기여
驚異(きょうい) 경이	競技(きょうぎ) 경기	協議(きょうぎ) 협의	行儀(ぎょうぎ) 예의범절
教訓(きょうくん) 교훈	凶作(きょうさく) 흉작	郷愁(きょうしゅう) 향수	凝縮(ぎょうしゅく) 응축
強制(きょうせい) 강제	行政(ぎょうせい) 행정	業績(ぎょうせき) 업적	仰天(ぎょうてん) 깜짝 놀람
脅迫(きょうはく) 협박	恐怖(きょうふ) 공포	業務(ぎょうむ) 업무	郷里(きょうり) 고향
行列(ぎょうれつ) 행렬	局限(きょくげん) 국한	極端(きょくたん) 극단	居住(きょじゅう) 거주
巨匠(きょしょう) 거장	拒絶(きょぜつ) 거절	漁船(ぎょせん) 어선	漁村(ぎょそん) 어촌
拠点(きょてん) 거점	拒否(きょひ) 거부	許容(きょよう) 허용	疑惑(ぎわく) 의혹

菌(きん) 균	近眼(きんがん) 근시안	金庫(きんこ) 금고	近郊(きんこう) 근교
均衡(きんこう) 균형	金銭(きんせん) 금전	勤勉(きんべん) 근면	吟味(ぎんみ) 음미
禁物(きんもつ) 금물	勤労(きんろう) 근로	偶数(ぐうすう) 짝수	空腹(くうふく) 공복
駆使(くし) 구사	屈折(くっせつ) 굴절	工夫(くふう) 궁리함	工面(くめん) 돈, 살림
軍艦(ぐんかん) 군함	軍事(ぐんじ) 군사	君主(くんしゅ) 군주	群集(ぐんしゅう) 군집
軍備(ぐんび) 군비	軍服(ぐんぷく) 군복	訓練(くんれん) 훈련	敬意(けいい) 경의
経緯(けいい) 경위	敬遠(けいえん) 경원	警戒(けいかい) 경계	敬具(けいぐ) 경구
軽減(けいげん) 경감	稽古(けいこ) 익힘, 배움, 연습	掲載(けいさい) 게재	刑事(けいじ) 형사
掲示(けいじ) 게시	傾斜(けいしゃ) 경사	携帯(けいたい) 휴대	形態(けいたい) 형태
刑罰(けいばつ) 형벌	経費(けいひ) 경비	軽蔑(けいべつ) 경멸	契約(けいやく) 계약
経歴(けいれき) 경력	劇団(げきだん) 극단	激励(げきれい) 격려	結核(けっかく) 결핵
血管(けっかん) 혈관	結合(けつごう) 결합	傑作(けっさく) 걸작	欠如(けつじょ) 결여
結晶(けっしょう) 결정	決勝(けっしょう) 결승	結成(けっせい) 결성	結束(けっそく) 결속
月賦(げっぷ) 월부	欠乏(けつぼう) 결핍	懸念(けねん) 염려, 걱정	気配(けはい) 기색
家来(けらい) 부하	下痢(げり) 설사	権威(けんい) 권위	嫌悪感(けんおかん) 혐오감
兼業(けんぎょう) 겸업	言及(げんきゅう) 언급	権限(けんげん) 권한	健在(けんざい) 건재
元首(げんしゅ) 원수	原書(げんしょ) 원서	減少(げんしょう) 감소	原則(げんそく) 원칙
原爆(げんばく) 원폭			

훈독 명사

兆し(きざし) 조짐	岸(きし) 물가	絹(きぬ) 비단	客間(きゃくま) 응접실
霧(きり) 안개	食い違い(くいちがい) 차이, 불일치	茎(くき) 줄기	鎖(くさり) 쇠사슬
櫛(くし) 빗	屑(くず) 부스러기	癖(くせ) 버릇	口出し(くちだし) 말참견
唇(くちびる) 입술	蔵(くら) 곳간	黒字(くろじ) 흑자	

稽古事(けいこごと) 연습하여 몸에 익히는 기예

獣(けもの) 짐승

2 동사

あせる (빛깔이) 바래다, 퇴색하다

値(あたい)する 가치가 있다

あつらえる 맞추다, 주문하다

憤(いきどお)る 노하다, 성내다

憩(いこ)う 쉬다, 휴식하다

うずく 욱신거리다

うずくまる 웅크리다

うなだれる (실망, 슬픔, 수치 등으로) 힘없이 고개를 떨구다

拝(おが)む 빌다, 간절히 바라다

興(おこ)す 흥하게 하다

納(おさ)める 납입하다

収(おさ)める 거두다

治(おさ)める 다스리다

修(おさ)める 수양하다

障(さわ)る 방해가 되다

茂(しげ)る 무성해지다

慕(した)う 그리워하다

従(したが)える 데리고 가다

染(し)みる 스며들다

貫(つらぬ)く 꿰뚫다

吊(つ)る 치켜 올라가다

吊(つ)るす 매달다

徹(てっ)する 사무치다

照(て)る 비치다

照(て)れる 수줍어하다

へこむ 우그러들다

ほころびる (실밥이) 터지다

よろめく 비틀거리다

当(あ)てはめる 꼭 들어맞추다, 적용시키다

有(あ)り触(ふ)れる 흔하다

押(お)し付(つ)ける 밀어붙이다, 강요하다

押(お)しのける 밀어제치다

繰(く)り延(の)べる 연장하다

立(た)ち直(なお)る 회복되다

立(た)ち退(の)く 떠나다

手掛(てが)ける 손수 다루다

乗(の)っ取(と)る 납치하다

乗(の)り合(あ)わせる 우연히 같이 타다

乗(の)り回(まわ)す 타고 돌아다니다

見届(みとど)ける 끝까지 지켜보다

3 い형용사

快(こころよ)い 기분이 좋다

しつこい 끈덕지다

渋(しぶ)い 떫다

ずうずうしい 뻔뻔스럽다

切(せつ)ない 애절하다

そそっかしい 경솔하고 조심성이 없다

たくましい 다부지다	だらしない 야무지지 못하다	生(なま)ぬるい 미온적이다
はかない 허무하다, 덧없다	まばゆい 눈부시다	床(ゆか)しい 기품·정취가 있다, 우아하다

4 な형용사

あいまい 모호함, 애매함	内気(うちき) 내성적임	有頂天(うちょうてん) 기뻐서 어찌 할 줄 모름
うやむや 유야무야, 흐지부지함	謙虚(けんきょ) 겸허함	健全(けんぜん) 건전함
厳密(げんみつ) 엄밀함	豪華(ごうか) 호화로움	相応(そうおう) 상응함, 알맞음
早熟(そうじゅく) 조숙함	相対的(そうたいてき) 상대적임	大胆(だいたん) 대담함
莫大(ばくだい) 막대함	恥(はじ)さらし 망신스러운 일을 세상에 드러냄	恥知(はじし)らず 수치를 모름
場違(ばちが)い 그 자리에 어울리지 않음	太(ふと)っ腹(ぱら) 배짱이 큼	未熟(みじゅく) 미숙함
耳障(みみざわ)り 귀에 거슬림	耳寄(みみよ)り 귀가 솔깃함	無益(むえき) 무익함
有益(ゆうえき) 유익함		

5 부사 및 기타

一概(いちがい)に 일률적으로	一気(いっき)に 단숨에	一挙(いっきょ)に 일거에
思(おも)う存分(ぞんぶん) 실컷, 마음껏	少(すく)なからず 적잖이	精一杯(せいいっぱい) 힘껏, 고작
力一杯(ちからいっぱい) 힘껏	とっくに 훨씬 전에, 벌써	何(なに)も 아무것도
何(なん)でも 무엇이든지	願(ねが)わくは 바라건대	まちまち 각기 다름
いそいそ 기뻐서 들뜬 모양	うきうき 신나서 마음이 들뜨는 모양	うずうず 근질근질
うんざり 몹시 싫증남, 넌더리가 남	ぎゅうぎゅう 꽉꽉, 꾹꾹	ぎりぎり 빠듯함, 간당간당
くしゃくしゃ 꼬깃꼬깃	ずるずる 질질	ちらちら 팔랑팔랑

逆(ぎゃく)～ 역~	～裏(り) ~리, ~한 가운데

6 가타카나어

アウトレット 아웃렛	アナログ 아날로그	インテリア 인테리어
インフルエンザ 인플루엔자	ウエスト 허리	キオスク 매점
シェア 셰어, 상품의 시장 점유율	ストック 재고	シャンデリア 샹들리에
ティッシュ 티슈	デジタル 디지털	バスルーム 욕실
ビニール 비닐	フランチャイズ 프랜차이즈	ヘアドライヤー 헤어드라이어
ライフライン 라이프 라인, 구명줄	リフォーム 리폼	ワンルーム 원룸

問題1 ＿＿＿の言葉の読み方として最もよいものを、1・2・3・4から一つ選びなさい。

1 両国の貿易の均衡が崩れてしまい、財務長官の主宰で対策会議が開かれた。

1 きんとう　2 きんこう　3 ぎんとう　4 ぎんこう

2 龍馬(りょうま)の自伝を脚色した大河ドラマ。

1 かくしょく　2 がくしょく　3 きゃくしょく　4 ぎゃくしょく

3 父の形見である懐中時計の鎖がさびて切れてしまった。

1 いかり　2 はかり　3 かかり　4 くさり

4 5月になり、欅(けやき)の若葉も茂った。

1 まいった　2 になった　3 しげった　4 とむらった

5 今日は本当に快い時間を過ごすことが出来、感謝します。

1 いろよい　2 こころづよい　3 こころよい　4 ここちよい

6 留学に行ったら、身分相応な暮らしをするようにしなさい。

1 あいのう　2 あいおう　3 そうのう　4 そうおう

7 パリで日本の映画の傑作３０本が上映されるようになった。

1 かっさく　2 けっさく　3 きょさく　4 こうさく

8 どんなことがあっても、初志を貫くつもりだ。

1 しりぞく　2 つらぬく　3 うなずく　4 よろめく

問題2 (　　　)に入れるのに最もよいものを、1・2・3・4から一つ選びなさい。

1 ライバル政治家のマイナス面を宣伝するのはかえって (　　　) 効果となることが多い。

1 逆　2 後　3 異　4 順

2 商売がうまく行かず、子供を食べさせるのが（　　　）だ。

1 前借り　　2 気楽　　3 精一杯　　4 旺盛

3 家賃が滞り、大家さんから（　　　）を迫られてしまった。

1 立ち退き　　2 立ち合い　　3 立ち入り　　4 立ち売り

4 責任感が（　　　）している人は信頼されないだろう。

1 欠乏　　2 欠如　　3 破損　　4 破壊

5 国内旅行を（　　　）楽しむ方法がこのガイドブックにある。

1 思う存分　　2 しつこく　　3 未熟に　　4 力一杯

6 国民から信頼されている役者がこんな話をするとは（　　　）してしまう。

1 まんざら　　2 うんざり　　3 こつこつ　　4 ずるずる

7 この子がちゃんと電車に乗るのを（　　　）ください。

1 見届けて　　2 見張って　　3 見込んで　　4 覗き込んで

8 先生には日本留学に関する（　　　）な情報がいっぱいあるそうだ。

1 最寄り　　2 疎か　　3 耳寄り　　4 貧弱

問題3　＿＿＿の言葉に意味が最も近いものを、1・2・3・4から一つ選びなさい。

1 賛成する人２８名で、反対する人２５名です。それから<u>棄権する</u>人１７名です。

1 あきる　　2 あきれる　　3 あきらめる　　4 あらためる

2 最近、父は三味線の<u>稽古事</u>に凝っている。

1 賭け事　　2 隠れ事　　3 習い事　　4 作り事

3 テロリストが旅客機を<u>ハイジャックする</u>事件が起こった。

1 討ち取る　　2 選り取る　　3 刈り取る　　4 乗っ取る

4 本田（ほんだ）さんのお父さんは日本画の大家として人々に尊敬されている。

1 家主　　2 巨匠　　3 上役　　4 物持

5 猛烈な攻撃で敵に立ち直る隙を与えない。

1 修復する　　2 回復する　　3 復興する　　4 復旧する

6 法務大臣の汚職事件に対して総理はうやむやな態度を取っている。

1 あくどい　　2 あいまいな　　3 なまぬるい　　4 わるがしこい

7 彼が言っているのはむなしい夢にすぎない。

1 もろい　　2 はなばなしい　　3 はかない　　4 ひさしい

8 真夏の太陽がまばゆい。

1 からから　　2 こちこち　　3 ぎらぎら　　4 すべすべ

問題4　次の言葉の使い方として最もよいものを、1・2・3・4から一つ選びなさい。

1 敬遠

1 待ちに待った敬遠がいよいよ明日だ。
2 礼儀正しくない若者に敬遠を覚える。
3 行儀が悪い人に対する敬遠は次のようです。
4 上役は部下に敬遠されがちの存在に違いない。

2 軌道

1 このことは軌道に凝っている考えが要る。
2 練りに練った企画はやっと軌道に乗った。
3 今度大幅な人事軌道があるに違いない。
4 軌道に富んだ人生は必ず成功するにきまっている。

3 照れる

1 岡田(おかだ)選手は大げさに褒められて照れた。

2 ちょっと、こっち暗いから照れてくれる。

3 夏は太陽が照れているから、紫外線が気になる。

4 彼は試験に合格して嬉しくて照れ上がっている。

4 繰り延べる

1 家計の事情が悪いので、返済期日を繰り延べてもらった。

2 テニスの実力を付けたいのであれば、練習を繰り延べるしかない。

3 同点の場合、年下の者を繰り延べることになっている。

4 毎日、単調な仕事ばかり繰り延べているので転職を考えている。

5 場違い

1 場違った考えには付いていけない。

2 大使館の場所を場違い、苦労した覚えがある。

3 場違いもわきまえない人だと言われるのは不愉快だ。

4 いくら芸能人とはいえ、場違いな服装で来るのは非常識だ。

6 いそいそ

1 返事が遅かったからいそいそと催促した。

2 戦場から帰国する恋人をいそいそと出迎えに行く。

3 彼は振られたことをいつまでもいそいそとしている。

4 商談がうまく行かず、部長はいそいそとしている。

CHAPTER 5

1 명사

음독 명사

碁(ご) 바둑	故意(こい) 고의	語彙(ごい) 어휘	好意(こうい) 호의
行為(こうい) 행위	合意(ごうい) 합의	交易(こうえき) 교역	硬貨(こうか) 경화, 동전
抗議(こうぎ) 항의	好況(こうきょう) 호황	鉱業(こうぎょう) 광업	考古学(こうこがく) 고고학
工作(こうさく) 공작	耕作(こうさく) 경작	講習(こうしゅう) 강습	口述(こうじゅつ) 구술
交渉(こうしょう) 교섭	控除(こうじょ) 공제	強情(ごうじょう) 고집	香辛料(こうしんりょう) 향신료
降水(こうすい) 강수	洪水(こうずい) 홍수	抗争(こうそう) 항쟁	構想(こうそう) 구상
拘束(こうそく) 구속	後退(こうたい) 후퇴	光沢(こうたく) 광택	好調(こうちょう) 호조
好都合(こうつごう) 형편이 좋음	口頭(こうとう) 구두	講読(こうどく) 강독	購読(こうどく) 구독
購入(こうにゅう) 구입	光熱費(こうねつひ) 광열비	荒廃(こうはい) 황폐	購買(こうばい) 구매
好評(こうひょう) 호평	交付(こうふ) 교부	興奮(こうふん) 흥분	効率(こうりつ) 효율
考慮(こうりょ) 고려	護衛(ごえい) 호위	呼吸(こきゅう) 호흡	国土(こくど) 국토
国防(こくぼう) 국방	極楽(ごくらく) 극락	語源(ごげん) 어원	誤差(ごさ) 오차
孤児(こじ) 고아	個性(こせい) 개성	戸籍(こせき) 호적	誇張(こちょう) 과장
国交(こっこう) 국교	骨董品(こっとうひん) 골동품	孤独(こどく) 고독	碁盤(ごばん) 바둑판
雇用(こよう) 고용	根気(こんき) 근기	根拠(こんきょ) 근거	混血(こんけつ) 혼혈
昆虫(こんちゅう) 곤충	混同(こんどう) 혼동	根本(こんぽん) 근본	災害(さいがい) 재해
細菌(さいきん) 세균	細工(さいく) 세공	採掘(さいくつ) 채굴	採決(さいけつ) 채결
再建(さいけん) 재건	再現(さいげん) 재현	財源(ざいげん) 재원	在庫(ざいこ) 재고

採算(さいさん) 채산	採集(さいしゅう) 채집	財政(ざいせい) 재정	採択(さいたく) 채택
最中(さいちゅう) 도중	栽培(さいばい) 재배	細胞(さいぼう) 세포	差額(さがく) 차액
詐欺(さぎ) 사기	削減(さくげん) 삭감	錯誤(さくご) 착오	作戦(さくせん) 작전
雑貨(ざっか) 잡화	錯覚(さっかく) 착각	殺菌(さっきん) 살균	雑談(ざつだん) 잡담
殺到(さっとう) 쇄도	雑踏(ざっとう) 혼잡, 붐빔	酸化(さんか) 산화	山岳(さんがく) 산악
産休(さんきゅう) 출산 휴가	産後(さんご) 산후	産出(さんしゅつ) 산출	参照(さんしょう) 참조
山頂(さんちょう) 산꼭대기	賛美(さんび) 찬미	山腹(さんぷく) 산중턱	山脈(さんみゃく) 산맥

훈독 명사

小売(こうり) 소매	小切手(こぎって) 수표	心地(ここち) 기분	心当たり(こころあたり) 짐작 가는 곳
心得(こころえ) 소양	心構え(こころがまえ) 마음가짐	小銭(こぜに) 잔돈	事柄(ことがら) 사항
暦(こよみ) 달력	竿(さお) 장대	杯(さかずき) 잔	逆立ち(さかだち) 물구나무서기
指図(さしず) 지시	差し支え(さしつかえ) 지장	差引(さしひき) 차감	寒気(さむけ) 오한
侍(さむらい) 무사	残高(ざんだか) 잔액	嗜み(たしなみ) 소양	

2 동사

暴れる(あばれる) 날뛰다	荒れる(あれる) 거칠어지다	うなる 신음하다
うぬぼれる 자만하다	うねる 구불구불하다	潤す(うるおす) 적시다, 축축하게 하다
うろたえる 당황하다	怠る(おこたる) 게을리하다	帯びる(おびる) (성질, 성분, 경향을) 띠다
陥る(おちいる) 빠져들다	陥れる(おとしいれる) 빠뜨리다	脅す(おどす) 협박하다
脅かす(おびやかす) 위협하다	さびれる 쇠퇴하다	強いる(しいる) 강요하다
準じる(じゅんじる) 준하다	生じる(しょうじる) 생기다	退く(しりぞく) 물러나다

- 退(しりぞ)ける 물리치다
- 記(しる)す 기록하다
- 信(しん)じる 믿다
- 据(す)える 설치하다
- たたえる 칭찬하다
- 躓(つまず)く 발이 걸려 넘어지다, 실패하다
- 尊(とうと)ぶ 존중하다
- 遠(とお)ざかる 멀어지다
- 嫁(とつ)ぐ 시집가다
- 滞(とどこお)る 밀리다
- 留(と)まる 붙박이다, 고정되다
- 弔(とむら)う 조문하다, 문상하다
- 惚(ほう)ける 멍해지다
- ほどける 풀리다
- 落(お)ち込(こ)む 빠지다
- 思(おも)い込(こ)む 믿어 버리다
- 思(おも)い詰(つ)める 골똘히 생각하다
- 仕(し)上(あ)げる 끝내다, 완성하다
- 立(た)ち止(ど)まる 멈추어 서다
- 立(た)ち寄(よ)る 다가서다
- 怒鳴(どな)る 고함치다
- 戸惑(とまど)う 당황하다
- 食(は)み出(だ)す 비어져 나오다
- 引(ひ)き起(お)こす 일으키다
- 見惚(みほ)れる 홀딱 반하다
- 割(わ)り出(だ)す 산출하다, (근거에 의해) 알아내다

3 い형용사

- 神々(こうごう)しい 거룩하다, 성스럽다
- 図太(ずぶと)い 넉살좋다
- 容易(たやす)い 용이하다
- 頼(たよ)りない 의지할 것이 없다
- でかい 크다
- 名残惜(なごりお)しい 헤어지기 섭섭하다
- 馴(な)れ馴(な)れしい 친압하다, 허물없다
- 望(のぞ)ましい 바람직하다
- 歯痒(はがゆ)い 답답하다
- はしたない 상스럽다
- 幅広(はばひろ)い 폭넓다
- 等(ひと)しい 동일하다
- 平(ひら)たい 평평하다
- 相応(ふさわ)しい 어울리다

4 な형용사

- 円滑(えんかつ) 원활함
- 婉曲(えんきょく) 완곡함
- 下品(げひん) 천함, 상스러움
- 公正(こうせい) 공정함
- 広大(こうだい) 광대함
- 好都合(こうつごう) 사정(형편)이 좋음, 적절함
- 疎遠(そえん) 소원함
- 素朴(そぼく) 소박함
- 粗末(そまつ) 변변치 않음

迅速(じんそく) 신속함	抜群(ばつぐん) 뛰어남	半端(はんぱ) 어중간함
不気味(ぶきみ) 어쩐지 무서움	無惨(むざん) 잔인함	無謀(むぼう) 무모함
平気(へいき) 태연함	閉口(へいこう) 난처함	

5 부사 및 기타

一種(いっしゅ) 어딘지, 어쩐지	一層(いっそう) 한층 더	いやしくも 적어도
うんと 훨씬	是非(ぜひ)とも 반드시	先(せん)だって 앞서
そっくり 전부	根掘(ねほ)り葉掘(はほ)り 미주알고주알	甚(はなは)だ 매우, 심히
がたんと 쿵, 덜커덩	ぐずぐず 우물쭈물	くたくた 녹초가 됨
ぐったり 축 늘어짐	てきぱき 일을 재빨리 능숙하게 처리하는 모양, 척척	
どっしり 묵직한	とっぷり 날이 완전히 저물어 어두워지는 모양	
無性(むしょう)に 몹시, 무턱대고	へとへと 기진맥진한 모양	もっぱら 오로지
~器(き) ~기		

6 가타카나어

アフターサービス 애프터서비스	オリエンテーション 오리엔테이션	カウンセリング 카운슬링
カリキュラム 커리큘럼	クレーム 클레임	サークル 서클
ショーウインドー 쇼윈도	ゼミ 세미나	ディスカウント 할인
ブティック 부티크	ニュアンス 뉘앙스	バックアップ 백업, 후원
マークシート 마크 시트	リコール 리콜	リサイクル 재활용
レジ 레지스터, 금전등록기	レシート 리시트, 영수증	

CHAPTER 5 연습문제

問題1 ＿＿＿の言葉の読み方として最もよいものを、1・2・3・4から一つ選びなさい。

1 千円札を100円の硬貨に替える。

1 こうか　2 こうが　3 ごうか　4 ごうが

2 あの作家は海外で長く活動していたから、国内では文壇孤児と言っても過言ではない。

1 こじ　2 ごじ　3 こに　4 ごに

3 『聞いて極楽、見て地獄』という諺（ことわざ）を知っていますか。

1 きょくらく　2 ぎょくらく　3 こくらく　4 ごくらく

4 姉はもう時期となり、隣の町に嫁いだ。

1 かぜいだ　2 とついだ　3 あおいだ　4 はしゃいだ

5 これでお別れとは、名残惜しいですね。

1 なのごりおしい　2 めいごりおしい　3 なごりおしい　4 みょうごりおしい

6 素朴な人と付き合いたい。

1 そばく　2 すばく　3 そぼく　4 すぼく

7 温室で栽培したバラはきれいだが、長続きしない。

1 さいはい　2 さいばい　3 ざいはい　4 ざいばい

8 台風の影響で物資の流通が滞っている。

1 うばって　2 どなって　3 うずまって　4 とどこおって

問題2 (　　　)に入れるのに最もよいものを、1・2・3・4から一つ選びなさい。

1 新しい担任の先生は (　　　) ような美人だ。

1 見惚れる　2 見過ごす　3 見損なう　4 見違う

2 この肖像画は（　　　）だ。

1 不親切　2 不気味　3 不景気　4 不明朗

3 あの事件は米国政府にとって（　　　）な出来事だった。

1 好都合　2 不愛想　3 欠乏　4 貧弱

4 そんなに（　　　）を張るとお父さんに怒鳴られる。

1 抜群　2 頑固　3 強情　4 無謀

5 残された指紋から犯人を（　　　）。

1 割り出す　2 掛け出す　3 絞り出す　4 生み出す

6 サッカー代表チームの試合は（　　　）攻撃ばかり続いた。

1 頼りない　2 相応しい　3 歯痒い　4 等しい

7 部長の自慢話に（　　　）してしまう。

1 肝心　2 閉口　3 意地　4 維持

8 アレルギーや呼吸（　　　）でお悩みの方はこちらの方にお電話ください。

1 機　2 器　3 物　4 械

問題3　**_____の言葉に意味が最も近いものを、1・2・3・4から一つ選びなさい。**

1 あの山の中には荒廃した古いお寺がある。

1 さびれた　2 すたれた　3 あばれた　4 うぬぼれた

2 うちの祖母は華道のたしなみがある。

1 心地　2 心得　3 心根　4 心柄

3 優れた頭脳の海外流出は国家的に深刻な問題だ。

1 劣等な　2 奨学の　3 抜群な　4 繁栄の

4 彼女のお母さんは私の両親のことを根掘り葉掘り聞いてきた。

1 一々　2 種々　3 各々　4 次々

5 ここ10年彼らと何ということなく疎遠になってしまった。

1 うとく　2 さとく　3 いとく　4 たっとく

6 ついはしたない言葉を使ってしまい、申し訳ございませんでした。

1 粗末な　2 無謀な　3 強情な　4 下品な

7 婉曲に警告したが、彼には通じなかったらしい。

1 それとなく　2 くどく　3 たよりなく　4 はがゆく

8 粗末なお菓子ですが、どうぞお召し上がりください。

1 いさぎよい　2 みすぼらしい　3 ういういしい　4 いまわしい

問題4　次の言葉の使い方として最もよいものを、1・2・3・4から一つ選びなさい。

1 誇張

1 自分の息子のことを誇張話している親。
2 試合は相手のチームを誇張して大きく勝った。
3 あの芸能人に対して書かれた記事は誇張が過ぎる。
4 世界にはミサイルの発射実験を武力の誇張としている国もある。

2 指図

1 人に会ったら指図ぐらいはしてほしい。
2 社長が指図をするまで何事も決められない。
3 祖父が生まれた村は小さくて指図にさえ載っていない。
4 この数学問題集は指図があるから、独学にはもってこいだ。

3 強いる

1 父は心が強いるから、自分の考えを変えようともしない。

2 相手チームより強いるために骨身を惜しまず稽古している。

3 夕べ関東地方から東北地方にかけて強いる地震がありました。

4 子供に読書を強いるとかえって本を読まなくなるおそれがある。

4 図太い

1 このビルの設計は耐震工法だから、図太いだろう。

2 最近運動不足のせいか、体が図太くなってしまった。

3 営業成績トップの山本（やまもと）課長は図太い神経の持ち主だ。

4 この本は分厚くて図太いから、読み終わらせるのは大変な事だ。

5 なれなれしい

1 新事業はなれなれしいことばかりで大変だ。

2 このジャズはなれなれしいリズムが魅力的だ。

3 お客さんにそんななれなれしく口をきくものではない。

4 留学生活になれなれしいことだらけなので、宜しく頼む。

6 てきぱき

1 彼女はてきぱきと後片付けをしている。

2 この仕事は容易いからてきぱきするまでもない。

3 そんなに悩まないでてきぱきとした行動してほしい。

4 心の内をてきぱきと打ち明けてくれないと分かるはずがない。

CHAPTER 6

1 명사

음독 명사

飼育(しいく) 사육
歯科(しか) 치과
自我(じが) 자아
市街(しがい) 시가
視覚(しかく) 시각
自覚(じかく) 자각
指揮(しき) 지휘
磁気(じき) 자기
色彩(しきさい) 색채
軸(じく) 축
刺激(しげき) 자극
地獄(じごく) 지옥
視察(しさつ) 시찰
資産(しさん) 자산
自粛(じしゅく) 자숙
支障(ししょう) 지장
辞職(じしょく) 사직
持続(じぞく) 지속
自尊心(じそんしん) 자존심
辞退(じたい) 사퇴
失格(しっかく) 실격
実質(じっしつ) 실질
実情(じつじょう) 실정
失調(しっちょう) 실조
嫉妬(しっと) 질투
失敗(しっぱい) 실패
実費(じっぴ) 실비
指摘(してき) 지적
屎尿(しにょう) 대소변
辞任(じにん) 사임
耳鼻科(じびか) 이비인후과
私物(しぶつ) 사유물
脂肪(しぼう) 지방
志望(しぼう) 지망
視野(しや) 시야
釈明(しゃくめい) 변명, 해명
謝罪(しゃざい) 사죄
謝絶(しゃぜつ) 사절
遮断(しゃだん) 차단
斜面(しゃめん) 사면
砂利(じゃり) 자갈
衆議院(しゅうぎいん) 중의원
就業(しゅうぎょう) 취업
襲撃(しゅうげき) 습격
修飾(しゅうしょく) 수식
執着(しゅうちゃく) 집착
修復(しゅうふく) 수복, 복원
従来(じゅうらい) 종래
守衛(しゅえい) 수위
塾(じゅく) 학원
祝賀(しゅくが) 축하
宿命(しゅくめい) 숙명
手芸(しゅげい) 수예
主権(しゅけん) 주권
主催(しゅさい) 주최
取材(しゅざい) 취재
趣旨(しゅし) 취지
出血(しゅっけつ) 출혈, 손해
出題(しゅつだい) 출제
出費(しゅっぴ) 출비, 지출
出品(しゅっぴん) 출품
守備(しゅび) 수비
樹木(じゅもく) 수목
樹立(じゅりつ) 수립
需要(じゅよう) 수요
上演(じょうえん) 상연
照会(しょうかい) 조회
生涯(しょうがい) 생애
消去(しょうきょ) 소거
衝撃(しょうげき) 충격
証言(しょうげん) 증명
条件(じょうけん) 조건

照合(しょうごう) 조합, 대조하여 확인함	詳細(しょうさい) 상세	賞賛(しょうさん) 칭찬	少子化(しょうしか) 소자화
昇進(しょうしん) 승진	情勢(じょうせい) 정세	承諾(しょうだく) 승낙	情緒(じょうちょ) 정서
象徴(しょうちょう) 상징	小児科(しょうにか) 소아과	譲歩(じょうほ) 양보	蒸留(じょうりゅう) 증류
奨励(しょうれい) 장려	除外(じょがい) 제외	触発(しょくはつ) 촉발	助言(じょげん) 조언
植民地(しょくみんち) 식민지	職務(しょくむ) 직무	諸君(しょくん) 제군	徐行(じょこう) 서행
助詞(じょし) 조사	所属(しょぞく) 소속	処置(しょち) 조치	所得(しょとく) 소득
処罰(しょばつ) 처벌	初版(しょはん) 초판	書評(しょひょう) 서평	処分(しょぶん) 처분
庶民(しょみん) 서민	庶務(しょむ) 서무	審議(しんぎ) 심의	新興(しんこう) 신흥
振興(しんこう) 진흥	新婚(しんこん) 신혼	審査(しんさ) 심사	紳士(しんし) 신사
真実(しんじつ) 진실	真珠(しんじゅ) 진주	親善(しんぜん) 친선	真相(しんそう) 진상
新築(しんちく) 신축	進呈(しんてい) 진정	進展(しんてん) 진전	神殿(しんでん) 신전
進度(しんど) 진도	振動(しんどう) 진동	新任(しんにん) 신임	神秘(しんぴ) 신비
辛抱(しんぼう) 인내, 참음	人脈(じんみゃく) 인맥	侵略(しんりゃく) 침략	診療(しんりょう) 진료
遂行(すいこう) 수행	随時(ずいじ) 수시	推進(すいしん) 추진	吹奏(すいそう) 취주
推測(すいそく) 추측	水田(すいでん) 수전, 논	出納(すいとう) 출납	推理(すいり) 추리
数詞(すうし) 수사	崇拝(すうはい) 숭배		

훈독 명사

お座成り(ざなり) 적당히 넘김	仕入れ(しいれ) 매입, 구입	潮(しお) 바닷물	雫(しずく) 물방울
下地(したじ) 본래의 성질	下火(したび) 기세가 약해짐	地主(じぬし) 지주	芝(しば) 잔디
地元(じもと) 그 고장	蛇口(じゃぐち) 수도꼭지	仕業(しわざ) 일, 짓	裾(すそ) 옷자락
隅々(すみずみ) 구석구석	つまずき 실수, 실패		

2 동사

あなどる 깔보다	うろつく 서성거리다	おごる 한턱내다
おもねる 아첨하다	重(おも)んじる 소중히 하다	及(およ)ぶ 달하다
及(およ)ぼす 미치게 하다	折(お)る 접다	織(お)る 짜다
卸(おろ)す 도매하다	かしげる 갸웃하다	かばう 감싸다
好(す)く 좋아하다	掬(すく)う 뜨다, 떠내다	涼(すず)む 시원한 바람을 쐬다
滑(すべ)る 미끄러지다	統(す)べる 통합하다	刷(す)る 인쇄하다
遂(と)げる 이루다, 달성하다	唱(とな)える 외치다, 주장하다	捕(と)らえる 붙잡다
撫(な)でる 쓰다듬다	なめる 얕보다	濁(にご)す 흐리게 하다
濁(にご)る 흐려지다	担(にな)う 짊어지다	鈍(にぶ)る 둔해지다
抜(ぬ)かす 빠뜨리다	拭(ぬぐ)う 닦다	妬(ねた)む 질투하다
ほのめかす 넌지시 비추다, 암시하다	折(お)り返(かえ)す 접어 꺾다	切(き)り上(あ)げる 일단락 짓다
突(つ)き崩(くず)す 무너뜨리다	突(つ)き放(はな)す 뿌리치다	取(と)り返(かえ)す 되찾다
取(と)り締(し)まる 단속하다	取(と)り戻(もど)す 되찾다, 회복하다	引(ひ)き裂(さ)く 잡아 찢다
引(ひ)き下(さ)げる 끌어내리다	引(ひ)き締(し)まる 긴장하다	見逃(みのが)す 못 보고 넘기다

3 い형용사

愛(いと)しい 사랑스럽다	辛抱強(しんぼうづよ)い 참을성이 많다	ちょろい 미온적이다
生々(なまなま)しい 생생하다	甚(はなは)だしい 매우 심하다	華々(はなばな)しい 화려하다
久(ひさ)しい 오래되다	紛(まぎ)らわしい (비슷하여) 헷갈리기 쉽다	見苦(みぐる)しい 보기 흉하다
醜(みにく)い 보기 흉하다	空(むな)しい 공허하다	もろい 무너지기 쉽다

喧しい（やかましい） 시끄럽다	悪賢い（わるがしこい） 교활하다	

4 な형용사

円満（えんまん） 원만함	おおざっぱ 대략적임	おおっぴら 공공연함
後天的（こうてんてき） 후천적임	巧妙（こうみょう） 교묘함	互角（ごかく） 호각, 우열의 차이가 없음
先天的（せんてんてき） 선천적임	シビア 냉엄함, 가혹함	ぞんざい 무례함
存分（ぞんぶん） 충분함	怠惰（たいだ） 나태함	悲観的（ひかんてき） 비관적임
悲惨（ひさん） 비참함	必然的（ひつぜんてき） 필연적임	無造作（むぞうさ） 대수롭지 않은 모양
明細（めいさい） 자세함	目茶目茶（めちゃめちゃ） 엉망진창임	綿密（めんみつ） 면밀함

5 부사 및 기타

いまだかつて 일찍이<부정>	いやに 이상하게	いわば 말하자면
かねがね 전부터, 미리	そもそも 원래, 무릇, 대저	それとなく 넌지시
どうやら 아무래도	引き続き（ひきつづき） 잇따라	ひたすら 오로지
一通り（ひととおり） 대강	もはや 이제는, 벌써	おどおど 벌벌
おろおろ 허둥지둥	がっしり 튼튼하게, 실팍한	くるくる 뱅글뱅글
ぐるぐる 빙글빙글	ごちゃごちゃ 어지러이 뒤섞인 모양	どろどろ 우르르, 쿵쿵
のびのび 무럭무럭	はきはき 시원시원	ぱちぱち 짝짝
～係（かかり） ~담당, ~계		

6 가타카나어

アシスタント 어시스턴트	インフレ 인플레이션	オリジナル 오리지널
コインロッカー 코인 로커	サボタージュ 사보타주, 태업	サラリーマン 샐러리맨
スクーター 스쿠터	ストライキ 파업	セールスマン 세일즈맨
センス 센스	デフレ 디플레이션	バイヤー 바이어
ペーパードライバー 페이퍼 드라이버		メーター 미터
メカニズム 메커니즘, 구조	ライセンス 라이센스	ラッシュアワー 러시아워
リスク 리스크, 위험	レンタカー 렌터카	

CHAPTER 6 연습문제

問題1 ＿＿＿の言葉の読み方として最もよいものを、1・2・3・4から一つ選びなさい。

1 諸外国と友好関係を<u>持続</u>する。

1 しそく　2 しぞく　3 じそく　4 じぞく

2 風邪のため、息子を近所の<u>小児科</u>へ連れて行った。

1 しょうじか　2 しょうにか　3 そうじか　4 そうにか

3 野球は<u>地元</u>チームを応援することが多い。

1 ちげん　2 じげん　3 ちもと　4 じもと

4 大黒柱(だいこくばしら)とは一家の生計を<u>担う</u>人のことを指す。

1 になう　2 のろう　3 よそおう　4 つくろう

5 それは<u>甚だしい</u>法律を無視する行為である。

1 はなばだしい　2 はなはだしい　3 ばなはだしい　4 ばなばだしい

6 そんな<u>怠惰</u>な生活をいつまでするつもりなんだ。

1 たいた　2 だいた　3 たいだ　4 だいだ

7 つい口が<u>滑って</u>しまったんだ。

1 しゃべって　2 しゃぶって　3 すべって　4 かまって

8 翻訳をする際に原本と<u>照合</u>するのが常識だ。

1 しょうあい　2 しょうごう　3 そうあい　4 ぞうごう

問題2 (　　　)に入れるのに最もよいものを、1・2・3・4から一つ選びなさい。

1 株主総会は夜11時に(　　　)。

1 引き上げられた　2 組み上げられた　3 下げ上げられた　4 切り上げられた

2 最近の（　　　）に関する統計はご覧の通りです。

1 小子化　2 少子化　3 非子化　4 不子化

3 不祥事のため、首相は予め退陣を（　　　）おいた。

1 ほのめかして　2 あきれて　3 たわむれて　4 なたんで

4 オリンピック、１００走での世界新記録（　　　）、これが我々の狙いだ。

1 創立　2 樹立　3 建立　4 直立

5 彼は（　　　）立ち回るから煙たがられている。

1 幅広く　2 生々しく　3 容易く　4 悪賢く

6 こうなれば東京一極集中主義を（　　　）ことは出来るだろう。

1 追い崩す　2 突き崩す　3 差し崩す　4 壊れ崩す

7 今度、引っ越す時（　　　）とした大きな食卓を買おう。

1 がっしり　2 あっさり　3 がっかり　4 こつこつ

8 精一杯努力したのだから、これからは結果が出るまで（　　　）待つほかはない。

1 辛抱強く　2 勘弁強く　3 押し強く　4 勝負強く

問題３　＿＿＿の言葉に意味が最も近いものを、1・2・3・4から一つ選びなさい。

1 去年騒がれた新型インフルエンザは<u>下火となって</u>きた。

1 卸して　2 妬んで　3 寂れて　4 廃れて

2 店の店頭に『<u>出血</u>大サービス』と書いてある。

1 怪我　2 負傷　3 損害　4 悲惨

3 <u>先天的な</u>才能に恵まれたといっても努力をしなければ成功は出来ないはずだ。

1 備え付きの　2 生れ付きの　3 落ち付きの　4 住み付きの

4 当選したいため大衆におもねる政治家は落ちてほしいです。

1 かばう　2 おごる　3 へつらう　4 かしげる

5 飲酒運転に対する処罰がちょろすぎるのは大問題だ。

1 喧し　2 空し　3 生ぬる　4 甚だし

6 秘密主義者だった彼が自分の恋愛のことをおおっぴらにするのはちょっとおかしい。

1 暴露する　2 披露する　3 開幕する　4 公開する

7 親の遺産をめぐった兄弟同士の争いほど醜いものはない。

1 みっともない　2 だらしない　3 けばけばしい　4 こうごうしい

8 自分の気分によってお客様をぞんざいに扱ってはいけないです。

1 おかまいなく　2 おざなりに　3 それとなく　4 ひたすら

問題4　**次の言葉の使い方として最もよいものを、1・2・3・4から一つ選びなさい。**

1 趣旨

1 勧善懲悪を趣旨とした芝居はつまらない。

2 この庭園、日本的な趣旨がありますね。

3 社長の趣旨を受けて新人を二人選んだ。

4 今回の自然保護の趣旨を述べさせていただきます。

2 色彩

1 人の好みは色彩があって面白い。

2 先生は紫の色彩が好きだということだ。

3 新しく組閣された内閣は保守的な色彩が濃い。

4 カーテンを夏の色彩向きに変えようと思っている。

3 なでる

1 行員募集張り紙をピンでしっかりなでた。

2 アイスクリームをなでて食べるともっとおいしい。

3 社長は資金の調達がうまく出来ず、顎をなでている。

4 お母さんは病気で寝ている子供の頭を優しくなでてやった。

4 もろい

1 地震にもろくない建物を建てるよう、努力します。

2 彼は口がもろいから秘密は絶対言わない方がいい。

3 私は口の中でとけるようなもろい和牛が好きだ。

4 電子レンジで餅を解凍したらもろくなった。

5 無造作

1 競馬で勝率の無造作が発覚した。

2 核兵器を無造作に扱ってはいけない。

3 彼は礼儀作法を知らない無造作な人だ。

4 勝敗では無造作はあるべきものだと思う。

6 おどおど

1 私たちは毎日の行いをおどおど省みた方がいいと思われます。

2 彼は不正行為が発覚しておどおどして何も言わずに立っている。

3 今日は一日中歩きっぱなしだったので、足がおどおどしている。

4 祖国のため勇ましく戦った彼らの名前はおどおど忘れられないだろう。

종합 모의고사 1

問題1 ＿＿＿の言葉の読み方として最もよいものを、1・2・3・4から一つ選びなさい。

1 母は学校の委員会に選ばれた。

1 いにん　2 いいん　3 ぎいん　4 ぎにん

2 女優はファンの握手攻めにあった。

1 あくしゅ　2 あくじゅ　3 あくしゅう　4 あくじゅう

3 息子は勉強しているかと思ったら、居間でテレビを見ていた。

1 いま　2 いあいだ　3 きょま　4 きょあいだ

4 大きな川が登山隊の行く手を遮る。

1 かずける　2 さえぎる　3 のがれる　4 ひきいる

5 事業に失敗した彼は卑しい身なりをしていた。

1 さみしい　2 つましい　3 わびしい　4 いやしい

6 火事の時は速やかな対処を取るべきだ。

1 すこやか　2 すみやか　3 あざやか　4 なごやか

問題2 (　　　)に入れるのに最もよいものを、1・2・3・4から一つ選びなさい。

7 銀行で初めて任された仕事は出納 (　　　) だった。

1 任　2 委　3 係　4 員

8 去年、同期が先に昇進してしまった。（　　　）仕方がない。

1 ねたんでも　　2 いやしても　　3 やしなっても　　4 おぎなっても

9 誰もいないはずの事務室に人の（　　　）がして怖かった。

1 掲示　　2 規模　　3 気配　　4 仰天

10 天然資源が不足している国は輸出産業の（　　　）に尽力すべきだ。

1 進行　　2 新興　　3 振動　　4 振興

11 不治の病になったら（　　　）治療は嫌だという人がかなりいるそうだ。

1 延長　　2 延命　　3 延期　　4 延滞

12 異端と呼ばれる宗教では人を（　　　）する場合が多い。

1 崇拝　　2 崇高　　3 礼拝　　4 祭祀

13 今まで黙っていた彼が（　　　）話を持ちかけた。

1 そもそも　　2 それとなく　　3 いまだかつて　　4 ひたすら

問題3 ＿＿＿の言葉に意味が最も近いものを、1・2・3・4から一つ選びなさい。

14 村人は<u>うきうき</u>と芝居（しばい）見物に集まってきた。

1 うずうず　　2 ずるずる　　3 いそいそ　　4 そわそわ

15 木村（きむら）主任は<u>てきぱき</u>と仕事を片付け始めた。

1 しくしく　　2 はきはき　　3 がたがた　　4 すくすく

16 政府の対応が遅すぎて、被害者たちの家族は<u>もどかしさ</u>を覚えていた。

1 ずぶとさ　　2 わびしさ　　3 じれったさ　　4 ややこしさ

17 彼はがっしりした体にひきかえ、病気がちだ。

1 ほっそりとした　2 すらりとした　3 じょうぶな　4 ぐったりとした

18 彼は見た目も中身も太っ腹な男だ。

1 弱味　2 大胆　3 頑固　4 強情

19 出来のよい生徒ばかりひいきをする人に先生たる資格はない。

1 かばう　2 なびく　3 ねだる　4 にじむ

問題4 次の言葉の使い方として最もよいものを、1・2・3・4から一つ選びなさい。

20 下火

1 勢いの下火は消えることなく燃え続いている。

2 牛肉輸入の反対運動も下火になってしまった。

3 今回の火事の原因は下火による失火だと考えられます。

4 彼が今日のような富を築いたのも下火を大事にしたからだ。

21 辛抱

1 辛抱したかいがあって事業は大きく成長した。

2 年も明け、新しい辛抱を話させていただきます。

3 この料理は辛さが控え目で、辛抱に弱い人にうってつけだ。

4 彼は他の人に対していつも辛抱ばかりしているから、煙たがられている。

22 怒鳴る

1 小鳥のさえずりと怒鳴りを聞きながら散歩した。

2 酒に酔って帰った息子の顔を見るや否や怒鳴る父親。

3 課長は怒鳴りっぽいけど、実は優しい心の持ち主です。

4 何回もベルが怒鳴っても電話に出ないというのはおかしい。

23 疎遠

1 私は政治に疎遠ですから、良く分かりません。

2 流行の移り変わりに疎遠な人はこの世界では成功しかねます。

3 ここ10年連絡もろくに出来ず、彼とは疎遠になってしまった。

4 お疎遠なところ申し訳ありませんが、今伺っても宜しいでしょうか。

24 歯痒い

1 ここがちょっと歯痒いから、掻いてくれる。

2 今度の新米の仕事ぶりは歯痒くて見ていられない。

3 夕べから歯痒くてならなかったので、今朝、歯医者に行った。

4 歯を磨かないと口が歯痒いから、いつも歯を磨けるように歯ブラシを携える。

25 とっぷり

1 日はとっぷりと暮れて空に星が出た。

2 ソースをとっぷりとかけてください。

3 横顔がお父さんととっぷり似ている。

4 家財道具を泥棒にとっぷり盗まれてしまった。

종합 모의고사 2

問題１ ＿＿＿の言葉の読み方として最もよいものを、1・2・3・4から一つ選びなさい。

1 国会図書館で昔騒がれた記事を閲覧する。

1 えつらん　　2 えつかん　　3 けんらん　　4 けんかん

2 屋外スポーツはあまり好きではない。

1 おくかい　　2 おくがい　　3 やかい　　4 やがい

3 婉曲に警告したが、彼らには通じなかったらしい。

1 えんこく　　2 わんこく　　3 えんきょく　　4 えんこく

4 今後の方針が定まり次第、連絡してください。

1 おさまり　　2 さだまり　　3 あてはまり　　4 あらたまり

5 自分が悪いと思ったら潔く謝るべきだ。

1 いさぎよく　　2 いきおよく　　3 いまわしく　　4 けぎらく

6 彼らは会社を興すため、膨大な借金をしている。

1 ほうたい　　2 ほうだい　　3 ぼうたい　　4 ぼうだい

問題２ (　　　)に入れるのに最もよいものを、1・2・3・4から一つ選びなさい。

7 10年後の社会がどうなるか学者たちが (　　　) したが、すべて外れた。

1 観測　　2 推測　　3 推理　　4 観覧

8 サッカーで２０対０って（　　　）聞いたこともないスコアだ。

1 だいいち　2 いわば　3 いまだかつて　4 ひたすら

9 高い所が好きな私にとってバンジージャンプは（　　　）です。

1 つらい　2 ちょろい　3 むなしい　4 やかましい

10 家を借りる時は家賃や交通の便など、（　　　）条件を調べてみるべきである。

1 全　2 無　3 総　4 諸

11 この工場は24時間機械を（　　　）させる。

1 展開　2 稼働　3 起動　4 運行

12 壊れた友情を（　　　）ことは難しいことである。

1 引き返す　2 取り返す　3 受け返す　4 打ち返す

13 家賃を（　　　）倒して姿を消す人がいるとは信じ難いことだ。

1 飛び　2 跳び　3 踏み　4 舞い

問題３ ＿＿＿の言葉に意味が最も近いものを、1・2・3・4から一つ選びなさい。

14 <u>無愛想</u>な態度で客に接しては駄目だ。

1 しなやか　2 ぶっきらぼう　3 とっぴ　4 ちんぷんかんぷん

15 アマチュアだからといって<u>なめて</u>はいかん。

1 あなどって　2 とうとんで　3 しゃぶって　4 すっぽかして

16 土曜日の夜だけに繁華街は人波で<u>いっぱいだった</u>。

1 のさばっていた　2 なぞらえていた　3 わきまえていた　4 ごった返していた

17 スケジュールを繰り延べるのは難しそうです。

1 持ち越す　2 寄せ付ける　3 遣り遂げる　4 追い付く

18 あの大金持ちがそんなに質素な暮らしをしているとは目を見張るものがあった。

1 せわしい　2 つましい　3 いたましい　4 あさましい

19 ちょっとしたつまずきで、今までの名声が水の泡になってしまった。

1 補い　2 災い　3 失い　4 過ち

問題4 次の言葉の使い方として最もよいものを、1・2・3・4から一つ選びなさい。

20 迅速

1 役所は住民の苦情を迅速に処理すべきだ。

2 今度開発された競争用車は速度が迅速だそうだ。

3 会社に入りたての頃は仕事を迅速にできなくてさんざん絞られた。

4 社長は迅速な性格だから、そんなにまごまごしていたら首にされかねない。

21 地元

1 地元を見られてしまって、買い叩かれた。

2 政治家たる者、地元の声に耳を傾けるべきだ。

3 上京してきたばかりの地元の者は野暮な身なりだった。

4 豚骨ラーメンはこの地元が全国で一番有名だということだ。

22 仕入れ

1 商売敵のつれない仕入れを受けた。

2 店の仕入れはこの卸問屋で賄ってる。

3 冬物はお仕入れにしまっておきました。

4 これからはどんな仕入れをされようと頑張るつもりだ。

23 懸念

1 これからの先を考えると懸念ずくめだ。

2 周りの状況をまず考えて懸念に取り組むべきだ。

3 成績をあげたいのであれば、懸念でやるしかない。

4 ゆとり教育に対する学力低下を懸念する声が多いらしい。

24 甚だしい

1 課長の息子さんは頭がきれて、甚だしく秀才だということだ。

2 裸で外へ飛び出すなんて非常識も甚だしい。

3 動かぬ証拠があるのに犯人は甚だしく否認している。

4 甚だしい遥かかなたには何が存在するのだろう。

25 好都合

1 好都合なことに面接官は知り合いのお兄さんだった。

2 ここ数年の景気の悪化にともない、失業率の好都合が多くなった。

3 最近、不況が長引いてはいるものの、好都合なこともたまにはある。

4 順調に走っていたランナーに思いがけない好都合なことが起こりレースを棄権した。

CHAPTER 7

1 명사

음독 명사

精巧(せいこう) 정교	星座(せいざ) 별자리	制裁(せいさい) 제재	政策(せいさく) 정책
精算(せいさん) 정산	静止(せいし) 정지	誠実(せいじつ) 성실	成熟(せいじゅく) 성숙
青春(せいしゅん) 청춘	清純(せいじゅん) 청순	盛大(せいだい) 성대	清濁(せいだく) 맑음과 흐림
制定(せいてい) 제정	製鉄(せいてつ) 제철	征服(せいふく) 정복	製法(せいほう) 제조법
精密(せいみつ) 정밀	勢力(せいりょく) 세력	整列(せいれつ) 정렬	責務(せきむ) 책무
是正(ぜせい) 시정	切開(せっかい) 절개	接触(せっしょく) 접촉	接続(せつぞく) 접속
設置(せっち) 설치	折衷(せっちゅう) 절충	設定(せってい) 설정	説得(せっとく) 설득
絶版(ぜっぱん) 절판	絶望(ぜつぼう) 절망	世論(せろん) 여론	繊維(せんい) 섬유
宣教(せんきょう) 선교	宣言(せんげん) 선언	選考(せんこう) 선고, 전형	戦災(せんさい) 전재
専修(せんしゅう) 전수	戦術(せんじゅつ) 전술	潜水(せんすい) 잠수	全盛(ぜんせい) 전성
先着(せんちゃく) 선착	前提(ぜんてい) 전제	前途(ぜんと) 앞길	戦闘(せんとう) 전투
潜入(せんにゅう) 잠입	船舶(せんぱく) 선박	前半(ぜんはん) 전반	全滅(ぜんめつ) 전멸
占領(せんりょう) 점령	善良(ぜんりょう) 선량	戦力(せんりょく) 전력	前例(ぜんれい) 전례
総会(そうかい) 총회	創刊(そうかん) 창간	雑木(ぞうき) 잡목	早急(そうきゅう) 매우 급함
増強(ぞうきょう) 증강	走行(そうこう) 주행	総合(そうごう) 총합	捜査(そうさ) 수사
捜索(そうさく) 수색	喪失(そうしつ) 상실	操縦(そうじゅう) 조종	装飾(そうしょく) 장식
増進(ぞうしん) 증진	創造(そうぞう) 창조	相対(そうたい) 상대	壮大(そうだい) 장대
騒動(そうどう) 소동	遭難(そうなん) 조난	装備(そうび) 장비	創立(そうりつ) 창립

促進(そくしん) 촉진	束縛(そくばく) 속박	素材(そざい) 소재	阻止(そし) 저지
訴訟(そしょう) 소송	措置(そち) 조치	損害(そんがい) 손해	損失(そんしつ) 손실
存続(そんぞく) 존속	大家(たいか) 대가	大概(たいがい) 대강, 개요	退学(たいがく) 퇴학
待遇(たいぐう) 대우	対決(たいけつ) 대결	体験(たいけん) 체험	対抗(たいこう) 대항
退治(たいじ) 퇴치	大衆(たいしゅう) 대중	退職(たいしょく) 퇴직	態勢(たいせい) 태세
対談(たいだん) 대담	滞納(たいのう) 체납	待望(たいぼう) 대망	台本(だいほん) 대본
打開(だかい) 타개	妥協(だきょう) 타협	打撃(だげき) 타격	妥結(だけつ) 타결
駄作(ださく) 졸작	打診(だしん) 타진	達者(たっしゃ) 달인	脱出(だっしゅつ) 탈출
脱線(だっせん) (열차, 이야기 등의) 탈선	脱退(だったい) 탈퇴	他動詞(たどうし) 타동사	堕落(だらく) 타락
担架(たんか) 들것	団結(だんけつ) 단결	探検(たんけん) 탐험	断言(だんげん) 단언
短縮(たんしゅく) 단축	炭素(たんそ) 탄소	単独(たんどく) 단독	旦那(だんな) 남편
断念(だんねん) 단념	蛋白質(たんぱくしつ) 단백질	断面(だんめん) 단면	弾力(だんりょく) 탄력

훈독 명사

相場(そうば) 시세	焚き火(たきび) 모닥불	足算(たしざん) 덧셈	盾(たて) 방패

2 동사

奪う(うばう) 빼앗다	省みる(かえりみる) 반성하다, 돌이켜보다	顧みる(かえりみる) 회상하다, 돌이켜보다
架ける(かける) 설치하다	囲む(かこむ) 둘러싸다	被ける(かずける) 씌우다, 전가하다
霞む(かすむ) 안개 끼다, 부옇다	かぶせる 씌우다, 덮다	かぶる 쓰다, 뒤집어쓰다
くぐる 빠져 나가다	加える(くわえる) 더하다	けなす 헐뜯다
急かす(せかす) 재촉하다	責める(せめる) 비난하다	損なう(そこなう) 부수다
損ねる(そこねる) 부수다	供える(そなえる) 올리다, 바치다	備える(そなえる) 구비하다

- 粘る(ねば) 달라붙다
- 練る(ね) 반죽하다, 개다
- 逃れる(のが) 도망치다, 벗어나다
- 望む(のぞ) 바라다
- 臨む(のぞ) 임하다
- 罵る(ののし) 욕설을 퍼붓다
- 呪う(のろ) 저주하다
- 弾む(はず) 들뜨다, 신이 나다
- 滅びる(ほろ) 멸망하다
- まごつく 허둥지둥하다, 당황하다
- 巡る(めぐ) 돌다, 순회하다
- 食い荒らす(く あ) 지저분하게 먹다
- 食い違う(く ちが) 엇갈리다
- くぐりぬける 빠져 나가다
- 背負う(せ お) 짊어지다, 업다
- 突っ張る(つ ぱ) 버티다
- 溶け込む(と こ) 용해되다, 융화하다
- 張り合う(は あ) 겨루다, 경쟁하다
- 引き込む(ひ こ) 끌어들이다, 끌어당기다
- 引き締める(ひ し) 긴장시키다
- 引き継ぐ(ひ つ) 계승하다, 물려받다
- 引き付ける(ひ つ) 끌어당기다
- 見失う(み うしな) 보던 것을 놓치다
- 見放す(み はな) 단념하다, 포기하다

3 い형용사

- 水臭い(みずくさ) 싱겁다, 서먹서먹하다
- みすぼらしい 초라하다
- みずみずしい 싱싱하다
- みっともない 꼴사납다
- 目覚ましい(め ざ) 눈부시다, 놀랍다
- めっそうもない 당치도 않다
- 女々しい(め め) 연약하다
- もっともらしい 그럴싸하다
- ものたりない 미흡하다
- ややこしい 복잡하다, 까다롭다
- 用心深い(ようじんぶか) 신중하다
- わびしい 쓸쓸하다

4 な형용사

- 大まか(おお) 대략적임
- 厳か(おごそ) 엄숙함
- 親孝行(おやこうこう) 효도함
- 高名(こうめい) 고명함
- こぎれい 깔끔함
- 克明(こくめい) 극명함
- 台無し(だい な) 엉망이 됨
- 退廃的(たいはいてき) 퇴폐적임
- 巧み(たく) 능숙함
- にわか 별안간, 돌연
- 人並み(ひと な) 보통임
- 冷ややか(ひ) 쌀쌀함
- 卑劣(ひ れつ) 비열함
- 不備(ふ び) 충분히 갖추어지지 않음
- 物好き(もの ず) 별남

厄介(やっかい) 성가심

野暮(やぼ) 촌스러움

5 부사 및 기타

おおかた 대충, 아마

押(お)しなべて 대체로, 한결같이

各々(おのおの) 각각

大分(だいぶ) 상당히

絶(た)え間(ま)なく 끊임없이

互(たが)いに 서로

日増(ひま)しに 갈수록

程(ほど)なく 이윽고, 머지않아

丸(まる)っきり 전혀

うとうと 꾸벅꾸벅

うつらうつら 꾸벅꾸벅

からり 드르륵

がりがり 빼빼

がんがん 꽥꽥, 땡땡

こっくり 꾸벅꾸벅

すんなり 매끈한, 순조롭게

ばったり 털썩, 딱

はらはら 팔랑팔랑

ばりばり 북북

びくびく 벌벌, 흠칫흠칫

やんわり 부드럽게, 완곡하게

6 가타카나어

アーケード 아케이드

エコノミークラス 이코노미 클래스

カーナビ 카 내비게이션

キャッシャー 금전 등록기

キャンセル 취소

クラクション 자동차 경적

コイン 동전

コンパス 컴퍼스

チェックイン 체크인

ディスカウントチケット 할인 티켓

トールゲート 톨게이트

ネオンサイン 네온사인

バンパー 범퍼

ビジネスクラス 비즈니스 클래스

ファーストクラス 퍼스트 클래스

マンホール 맨홀

リース 리스

ローン 론, 대부

ワックス 왁스

CHAPTER 7 연습문제

問題1 ＿＿＿の言葉の読み方として最もよいものを、1・2・3・4から一つ選びなさい。

1 住民が建設会社を相手に、訴訟を起こした。

1 そしょう　2 せきしょう　3 そこう　4 せっこう

2 両者の意見が対立していて折衷が必要な状況だ。

1 ぜっちゅう　2 せっちゅう　3 ぜっちゅ　4 せっちゅ

3 彼は影で操縦されているに違いない。

1 そじゅう　2 そじょう　3 そうじゅう　4 そうじょう

4 あいつは自分の間違いを同僚に被ける嫌いがある。

1 かける　2 かまける　3 かずける　4 あだける

5 誰でも死ぬ前には人生を省みるものだ。

1 しょうみる　2 せいみる　3 ふりみる　4 かえりみる

6 追慕礼拝は厳かな雰囲気の中で行われた。

1 おごそかな　2 きびしかな　3 つつしみかな　4 はかな

7 この映画は外国の占領下に置かれていた頃を舞台にしている。

1 せんりょう　2 せんりょ　3 てんりょう　4 てんりょ

8 日本語を英文に訳して欲しいんですが、早急に訳していただけませんか。

1 そっきゅう　2 しきゅう　3 そうきゅう　4 さっそく

問題2 (　　　)に入れるのに最もよいものを、1・2・3・4から一つ選びなさい。

1 敵の攻撃を (　　　) するには通信網を破壊すべきだ。

1 措置　2 対決　3 束縛　4 阻止

2 あの映画は見る価値の無い（　　　）だ。

1 傑作　　2 名作　　3 駄作　　4 古作

3 彼は（　　　）を重んじる政治家だった。

1 脱退　　2 妥協　　3 短縮　　4 断念

4 一見（　　　）主張だが、実現可能性が低い。

1 みずみずしい　　2 めめしい　　3 もっともらしい　　4 ややこしい

5 このクラスは（　　　）静かな学生ばかりだ。

1 おしなべて　　2 おのおの　　3 たがいに　　4 まるっきり

6 最近（　　　）にやせたモデルは舞台に立てないようになった。

1 うとうと　　2 がりがり　　3 ばりばり　　4 びくびく

7 彼はベテランらしく（　　　）演技を見せてくれた。

1 人並みな　　2 巧みな　　3 大まかな　　4 台無しな

8 ペンフレンドに手紙をもらったが、込み入った内容で返信に（　　　）います。

1 うろついて　　2 おもいついて　　3 くっついて　　4 まごついて

問題3 ＿＿＿の言葉に意味が最も近いものを、1・2・3・4から一つ選びなさい。

1 公共の施設の物を<u>そこなう</u>と罰せられます。

1 さわる　　2 ぬすむ　　3 こわす　　4 すてる

2 先生はだれも<u>みはなして</u>はいけません。

1 にくんで　　2 なぐって　　3 ばっして　　4 あきらめて

3 弟子たちの前で<u>みっともない</u>様子を見せてしまった。

1 みにくい　　2 きたない　　3 はずかしい　　4 よわい

4 突然の同僚の辞職でプロジェクトはだいなしになった。

1 たいはいてきに　2 むずかしく　3 ひとなみに　4 めちゃくちゃに

5 うとうとしながらも講義はちゃんと聞いていた。

1 まごまご　2 うつらうつら　3 はらはら　4 ばりばり

6 警官がまごついているうちにのがれてしまった。

1 にげて　2 ぬすんで　3 なげて　4 とって

7 自由をそくばくされてはじめて自分の罪を悔い改めた。

1 せめられて　2 うばわれて　3 のろわれて　4 せおわれて

8 話がややこしくなりそうだからまた後でゆっくり話しましょう。

1 ふくざつに　2 ささいに　3 めっそうもなく　4 もっともらしく

問題4　次の言葉の使い方として最もよいものを、1・2・3・4から一つ選びなさい。

1 引き継ぐ

1 来年から税金を引き継ぐことになった。
2 子供たちを引き継いで公園に行った。
3 畑に水を引き継いできた。
4 彼は巨額の遺産を引き継いだ。

2 わびしい

1 今のところ、わびしい判断は下しにくい。
2 冬の海とはわびしくてしょうがない。
3 あの人は性格がわびしくて人気がある。
4 このレストランの料理はとてもわびしい。

3 まるっきり

1 考えたよりまるっきり来なかった。

2 急に教室がまるっきりになった。

3 田中(たなか)君はまるっきり努力してきた。

4 まるっきり違う話になってしまった。

4 相場

1 進路のことで先生と相場した。

2 この焼物は１００万円相場の価値がある。

3 来年から相場評価を実施することになった。

4 家賃相場ならこのサイトが正確だ。

5 クラクション

1 この工場にはリサイクル用のクラクションがある。

2 佐藤(さとう)先生はクラクション音楽が大好きだそうだ。

3 道路ではクラクションに驚かされることが多い。

4 有名なデザイナーのクラクションが行われた。

6 逃(のが)れる

1 あの政治家は裁判を逃れるために重病を装っている。

2 先進国を逃れるために技術開発に励んでいる。

3 前の車を逃れるためにだんだんスピードを出した。

4 ぐずぐずしていて締め切り日に逃れてしまった。

급소공략 N1 문자·어휘

CHAPTER 8

1 명사

음독 명사

- 治安(ちあん) 치안
- 畜産(ちくさん) 축산
- 畜生(ちくしょう) 짐승
- 蓄積(ちくせき) 축적
- 地形(ちけい) 지형
- 知性(ちせい) 지성
- 秩序(ちつじょ) 질서
- 窒息(ちっそく) 질식
- 着手(ちゃくしゅ) 착수
- 着色(ちゃくしょく) 착색
- 着席(ちゃくせき) 착석
- 着目(ちゃくもく) 착안, 주목
- 着陸(ちゃくりく) 착륙
- 着工(ちゃっこう) 착공
- 中継(ちゅうけい) 중계
- 忠告(ちゅうこく) 충고
- 忠実(ちゅうじつ) 충실
- 中傷(ちゅうしょう) 중상
- 中枢(ちゅうすう) 중추
- 抽選(ちゅうせん) 추천
- 中断(ちゅうだん) 중단
- 中毒(ちゅうどく) 중독
- 腸(ちょう) 장
- 蝶(ちょう) 나비
- 調印(ちょういん) 조인
- 聴覚(ちょうかく) 청각
- 長官(ちょうかん) 장관
- 聴講(ちょうこう) 청강
- 徴収(ちょうしゅう) 징수
- 聴診器(ちょうしんき) 청진기
- 挑戦(ちょうせん) 도전
- 調停(ちょうてい) 조정
- 長編(ちょうへん) 장편
- 重宝(ちょうほう) 보물, 편리함, 아낌
- 調理(ちょうり) 조리
- 調和(ちょうわ) 조화
- 直面(ちょくめん) 직면
- 著作(ちょさく) 저작
- 著書(ちょしょ) 저서
- 貯蓄(ちょちく) 저축
- 直感(ちょっかん) 직감
- 著名(ちょめい) 저명
- 治療(ちりょう) 치료
- 賃金(ちんぎん) 임금
- 沈殿物(ちんでんぶつ) 침전물
- 沈没(ちんぼつ) 침몰
- 沈黙(ちんもく) 침묵
- 陳列(ちんれつ) 진열
- 追求(ついきゅう) 추구
- 追跡(ついせき) 추적
- 追放(ついほう) 추방
- 墜落(ついらく) 추락
- 痛感(つうかん) 통감
- 通説(つうせつ) 통설
- 提起(ていき) 제기
- 提供(ていきょう) 제공
- 提携(ていけい) 제휴
- 体裁(ていさい) 외관, 체재
- 提示(ていじ) 제시
- 訂正(ていせい) 정정
- 停滞(ていたい) 정체
- 邸宅(ていたく) 저택
- 堤防(ていぼう) 제방
- 定理(ていり) 정리
- 適応(てきおう) 적응
- 適性(てきせい) 적성
- 撤回(てっかい) 철회
- 鉄鋼(てっこう) 철강
- 鉄棒(てつぼう) 철봉
- 田園(でんえん) 전원
- 点火(てんか) 점화
- 転回(てんかい) 회전

転換(てんかん) 전환	転居(てんきょ) 이사	転勤(てんきん) 전근	点検(てんけん) 점검
電源(でんげん) 전원	転校(てんこう) 전학	天災(てんさい) 천재	展示(てんじ) 전시
伝説(でんせつ) 전설	点線(てんせん) 점선	伝達(でんたつ) 전달	転任(てんにん) 전임
添付(てんぷ) 첨부	展望(てんぼう) 전망	伝来(でんらい) 전래	転落(てんらく) 전락

훈독 명사

塵取(ちりとり) 쓰레받기	杖(つえ) 지팡이	つかの間(ま) 잠깐 동안, 순간	月並(つきなみ) 월례
辻褄(つじつま) 이치, 도리	筒(つつ) 통	津波(つなみ) 해일	角(つの) 뿔
唾(つば) 침	壷(つぼ) 항아리	蕾(つぼみ) 꽃봉오리	露(つゆ) 이슬
吊革(つりかわ) 손잡이	手当(てあて) 준비, 수당	手掛(てが)かり 단서	手際(てぎわ) 수완, 솜씨
手順(てじゅん) 수순	手錠(てじょう) 수갑	手配(てはい) 수배	手筈(てはず) 절차
手本(てほん) 본보기	手分(てわ)け 분담		

2 동사

担(かつ)ぐ 메다, 짊어지다	叶(かな)う 이루어지다	刈(か)る 베다
狩(か)る 사냥하다	駆(か)る 몰다	交(か)わす 나누다
くじける 꺾이다	こしらえる 만들다, 마련하다	こなす 빻다
こびる 아첨하다	栄(さか)える 번창하다	さまよう 헤매다
さらす 방치해 두다	ざわめく 웅성거리다	備(そな)わる 구비되다
染(そ)まる 물들다	背(そむ)く 등지다	背(そむ)ける (얼굴, 눈길을) 돌리다
逸(そ)らす 돌리다, 피하다	逸(そ)れる 빗나가다	反(そ)る 휘다
生(は)える 생기다	映(は)える 비치다	化(ば)かす 호리다

育む(はぐくむ) 품어 기르다	励ます(はげます) 격려하다	励む(はげむ) 노력하다
またがる 올라타다	むっとする 화가 치밀어 불끈하다	もくろむ 계획하다
食い止める(くいとめる) 저지하다	漕ぎ着ける(こぎつける) 저어서 대다	閉じ籠もる(とじこもる) 틀어박히다
引き抜く(ひきぬく) 뽑다	引き離す(ひきはなす) 갈라놓다	吹き込む(ふきこむ) 들어오다, 불어넣다
見落とす(みおとす) 못보고 빠뜨리다	見晴らす(みはらす) 멀리 조망하다	見張る(みはる) 망보다, 휘둥그레지다
よみがえる 되살아나다		

3 い형용사

うやうやしい 정중하다	かしましい 시끄럽다	か弱い(かよわい) 가냘프다
気恥ずかしい(きはずかしい) 부끄럽다, 쑥스럽다	気難しい(きむずかしい) 깐깐하다	清い(きよい) 깨끗하다
くどい 지겹도록 장황하다	けたたましい 요란하다	煙たい(けむたい) 거북하다
恋しい(こいしい) 그립다	香ばしい(こうばしい) 향기롭다	好ましい(このましい) 호감이 가다
照れくさい(てれくさい) 쑥스럽다		

4 な형용사

疎か(おろそか) 소홀함	穏健(おんけん) 온건함	穏和(おんわ) 온화함
滑稽(こっけい) 우스꽝스러움	細やか(ささやか) 조촐함	残酷(ざんこく) 잔혹함
上品(じょうひん) 고상함, 품위 있음	怠慢(たいまん) 태만함	打算的(ださんてき) 타산적임
多大(ただい) 매우 많음	妥当(だとう) 타당함	煩雑(はんざつ) 번잡함
貧弱(ひんじゃく) 빈약함	頻繁(ひんぱん) 빈번함	不快(ふかい) 불쾌함
有意義(ゆういぎ) 의의가 있음	歴然(れきぜん) 역력함, 뚜렷함	

5 부사 및 기타

あえて 감히, 굳이	おろか (~은) 고사하고	かろうじて 겨우, 간신히
ただ 오직, 단지	ただ今(いま) 방금, 지금 막	たった 다만, 단지
まんざら 반드시 (~인 것은 아니다)	自(みずか)ら 스스로, 자기 자신	わざと 고의로
ころころ (작은 물건이) 대굴대굴	ごろごろ (큰 물건이) 데굴데굴	ぎくしゃく 원할하지 않은, 서먹서먹한
きっかり 두드러지게	くよくよ 끙끙	さっぱり 말쑥이, 산뜻이
しいんと 고요한 상태	ひしひし 절절히	ひそひそ 소곤소곤
ひっそり 조용히	ぴりぴり 따끔따끔, 얼얼	みすみす 빤히 알면서
みっちり 철저히, 충분히	~権(けん) ~권	

6 가타카나어

アトリエ 화실	イラスト 일러스트	インターチェンジ 인터체인지
エッセイ 에세이	エレガント 우아함, 고상함	カーテンコール 커튼 콜
ガードレール 가드레일	ジャンル 장르	ストライプ 스트라이프
ノウハウ 노하우	ノミネート 노미네이트	ノンフィクション 논픽션
ハーモニー 하모니	ハッピーエンド 해피엔딩	フィクション 픽션
ベストセラー 베스트셀러	リクエスト 리퀘스트, 요구	リハーサル 리허설

問題1 ＿＿＿の言葉の読み方として最もよいものを、1・2・3・4から一つ選びなさい。

1 邸宅の中は美術品や彫刻などでいっぱいだった。

1 せいたく　2 ていたく　3 ぜいたく　4 でいたく

2 今年に入って貿易収支が黒字に転換した。

1 てんこう　2 てんけん　3 てんかん　4 てんせん

3 あの教授はクラシック界で著名な指揮者だ。

1 ちょめい　2 ちょみょう　3 ちょうめい　4 ちょうみょう

4 願いが叶った時、どんなに嬉しかったことか。

1 かわった　2 かなった　3 かまった　4 かぎった

5 あんな貧弱な体はボディーガードにふさわしくない。

1 ひんじゃく　2 びんじゃく　3 ひんやく　4 びんやく

6 彼女は気難しい性格なので、相手をするのが辛いかもしれない。

1 きむずかしい　2 けむずかしい　3 きがたしい　4 けがたしい

7 ある男が靴下を脱いだせいで近くにいた私は窒息しそうになった。

1 しっそく　2 ちっそく　3 しっしょく　4 ちっしょく

8 一人暮らしで重宝する家電と言えば何よりも電子レンジであろう。

1 ちょうほう　2 ちょうぼう　3 じゅうほう　4 じゅうぼう

問題2 （　　）に入れるのに最もよいものを、1・2・3・4から一つ選びなさい。

1 あらゆる手段を尽くして犯人を（　　）している。

1 追放　2 追求　3 追跡　4 追突

2 日本企業と多方面にわたって技術を（　　　）している。

1 提携　2 提示　3 提供　4 提案

3 株価が大幅に下落すると場内が（　　　）始めた。

1 しゃべり　2 かなしみ　3 なき　4 ざわめき

4 6時間かけて仕事の全般を（　　　）学んだ。

1 みすみす　2 みっちり　3 おもうぞんぶん　4 おのずから

5 田村（たむら）さんは些細なことで（　　　）悩んでいる。

1 くよくよ　2 うろうろ　3 ごろごろ　4 ぐいぐい

6 先生を暴行するとんでもない事件が（　　　）に起こっている。

1 頻度　2 頻繁　3 頻発　4 頻出

7 影で（　　　）と他人のことを話すなんて情けない限りだ。

1 ひりひり　2 にこにこ　3 ざわざわ　4 ひそひそ

8 弁護士は著作（　　　）について易しく解説してくれた。

1 券　2 件　3 勧　4 権

問題3 ＿＿＿の言葉に意味が最も近いものを、1・2・3・4から一つ選びなさい。

1 教室は急に<u>ひっそりと</u>なった。

1 しいんと　2 ぱっと　3 さっさと　4 はっと

2 米俵（こめだわら）を<u>かついで</u>階段を上がってくるなんて無理じゃない。

1 もって　2 せおって　3 ひきあげて　4 おして

3 容疑者の言い訳は<u>つじつま</u>の合わない話ばかりだった。

1 翻訳　2 解釈　3 道理　4 荒筋

4 先生は理由のいかんを問わずさっぱりと許してくださった。

1 ぎっしり　2 きっかり　3 ぐっすり　4 あっさり

5 彼は勉強しながらせっせと貯金にもはげんでいる。

1 はげまして　2 つとめて　3 おちいって　4 ふけて

6 彼女は初めて会った私にうやうやしく挨拶をした。

1 きゅうに　2 なまいきに　3 ていねいに　4 かってに

7 私は幼いときから人前で歌うのをてれくさいと感じていた。

1 きよわい　2 きむずかしい　3 きはずかしい　4 きづよい

8 子供のころ、父のアトリエで過ごした時間が芸術についての洞察力を高めた。

1 書房　2 田園　3 舞台　4 画室

問題4　次の言葉の使い方として最もよいものを、1・2・3・4から一つ選びなさい。

1 くどい

1 くどいかもしれないがよく聞いてください。
2 どこかでくどい臭いがしますね。
3 くどくていちいち指摘したくない。
4 私はくどい食べ物が好きだ。

2 沈没

1 調査官の追及にもかかわらず沈没に一貫した。
2 沈没しているのは不純物ではないのでご安心ください。
3 景気が沈没するにしたがって国民の不安も大きくなっている。
4 沈没した船舶を引き上げる作業が始まった。

3 ささやか

1 窓からささやかな風が入ってきた。

2 隣人を招待してささやかなパーティーを開いた。

3 サウナをすると気分がささやかになる。

4 ささやかな物だから大事に扱ってください。

4 自ら

1 彼は最高になるために、自らを厳しく律してきた。

2 椅子を自ら一つずつ運んでください。

3 試験が目の前だから自ら勉強しなさいよ。

4 教育に役に立つ映画なら自ら見ることにしている。

5 ノミネート

1 川端(かわばた)さんは「雪国」でノミネート賞を受賞した。

2 映画の主人公は後で実際にノミネートされた。

3 俳優なら誰でも主演賞をノミネートする夢をみる。

4 私の作品がノミネートされるなんて、信じられない。

6 ぴりぴり

1 唐辛子はぴりぴりしてとてもおいしい。

2 このラーメンは辛くて舌がぴりぴりする。

3 子供たちが私の部屋をぴりぴりと覗いていた。

4 仕事はぴりぴり片付けて飲みに行きましょう。

CHAPTER 9

1 명사

음독 명사

陶器(とうき) 도기	討議(とうぎ) 토의	動機(どうき) 동기	等級(とうきゅう) 등급
同級(どうきゅう) 동급	同居(どうきょ) 동거	登校(とうこう) 등교	統合(とうごう) 통합
動向(どうこう) 동향	倒産(とうさん) 도산	投資(とうし) 투자	踏襲(とうしゅう) 답습
統制(とうせい) 통제	当選(とうせん) 당선	逃走(とうそう) 도주	統率(とうそつ) 통솔
到達(とうたつ) 도달	統治(とうち) 통치	同調(どうちょう) 동조	投入(とうにゅう) 투입
同封(どうふう) 동봉	逃亡(とうぼう) 도망	冬眠(とうみん) 동면	同盟(どうめい) 동맹
動揺(どうよう) 동요	登録(とうろく) 등록	討論(とうろん) 토론	特技(とくぎ) 특기
独裁(どくさい) 독재	特産(とくさん) 특산	特集(とくしゅう) 특집	独占(どくせん) 독점
独創(どくそう) 독창	督促(とくそく) 독촉	得点(とくてん) 득점	特派(とくは) 특파
土台(どだい) 토대	特許(とっきょ) 특허	特権(とっけん) 특권	突破(とっぱ) 돌파
土俵(どひょう) 씨름판	徒歩(とほ) 도보	土木(どぼく) 토목	内閣(ないかく) 내각
内緒(ないしょ) 비밀	内臓(ないぞう) 내장	内乱(ないらん) 내란	内陸(ないりく) 내륙
難点(なんてん) 난점	入浴(にゅうよく) 입욕	尿(にょう) 오줌	人情(にんじょう) 인정
妊娠(にんしん) 임신	任務(にんむ) 임무	任命(にんめい) 임명	熱意(ねつい) 열의
熱湯(ねっとう) 열탕	熱量(ねつりょう) 열량	年賀(ねんが) 연하	念願(ねんがん) 염원
燃焼(ねんしょう) 연소	念頭(ねんとう) 염두	燃料(ねんりょう) 연료	年輪(ねんりん) 연륜
農耕(のうこう) 농경	農場(のうじょう) 농장	農地(のうち) 농지	

훈독 명사

戸締り(とじまり) 문단속	土手(どて) 둑, 제방	土俵際(どひょうぎわ) 막판	扉(とびら) 문짝
共稼ぎ(ともかせぎ) 맞벌이	共働き(ともばたらき) 맞벌이	取り締まり(とりしまり) 단속	取引(とりひき) 거래
取り持ち(とりもち) 주선, 알선	問屋(とんや) 도매상	苗(なえ) 모종	仲人(なこうど) 중매인
名残(なごり) 흔적, 여운	情け(なさけ) 인정	雪崩(なだれ) 눈사태	名札(なふだ) 명찰, 문패
生身(なまみ) 산 몸, 날고기	日夜(にちや) 일야, 밤낮	沼(ぬま) 늪	音色(ねいろ) 음색
値打ち(ねうち) 가격	値引き(ねびき) 할인	根回し(ねまわし) 사전 교섭	糊(のり) 풀

2 동사

否む(いなむ) 거절, 부정하다	怠る(おこたる) 게으름 피우다	軽んじる(かろんじる) 가볍게 보다, 얕보다
築く(きずく) 쌓다	競う(きそう) 겨루다	鍛える(きたえる) 단련하다
しのぐ 견디다	しょう 짊어지다	すっぽかす 팽개쳐 두다
ずらす 옮기다	せがむ 조르다	せびる 강요하다
そそる 돋우다	平らげる(たいらげる) 평정하다	耐える(たえる) 참다
絶える(たえる) 끊어지다	堪える(たえる) 가치가 있다	耕す(たがやす) 경작하다, (밭을) 갈다
託す(たくす) 맡기다	化ける(ばける) 둔갑하다	恥じる(はじる) 부끄러워하다
発する(はっする) 시작하다	放つ(はなつ) 풀어주다	阻む(はばむ) 막다, 방해하다, 주눅들다
率いる(ひきいる) 인솔하다, 통솔하다	引ける(ひける) 폐점하다	ひるむ 기가 꺾이다, 겁먹다
もたれる 기대다	言い張る(いいはる) 우기다	打ち込む(うちこむ) 쳐서 박다, 몰두하다
気取る(きどる) 점잔 빼다	際立つ(きわだつ) 두드러지다, 뛰어나다	繰り返す(くりかえす) 반복하다
焦げ付く(こげつく) 눌어붙다, (뀌어준 돈을) 못 받게 되다		取り掛かる(とりかかる) 착수하다
取り付ける(とりつける) 설치하다	歯向かう(はむかう) 맞서다, 반항하다	持ち越す(もちこす) 미루다

盛(も)り込(こ)む 담다	やり遂(と)げる 완수하다	寄(よ)せ付(つ)ける 접근시키다

3 い형용사

浅(あさ)ましい 비열하다, 야비하다	あっけない 어이없다	いかめしい 위엄 있다
恐(おそ)ろしい 두렵다	おっかない 무섭다	さもしい 야비하다, 치사하다
清々(すがすが)しい 상쾌하다	凄(すさ)まじい 엄청나다, 무시무시하다	たどたどしい 불안하다
倹(つま)しい 검소하다	悩(なや)ましい 괴롭다	煩(わずら)わしい 성가시다

4 な형용사

裏腹(うらはら) 모순됨, 정반대임	おっくう 귀찮음	画期的(かっきてき) 획기적임
格好(かっこう) 알맞음	堅実(けんじつ) 견실함	顕著(けんちょ) 현저함
厳正(げんせい) 엄정함	散々(さんざん) 형편없음	失敬(しっけい) 무례함
端的(たんてき) 단적임	致命的(ちめいてき) 치명적임	中途半端(ちゅうとはんぱ) 어중간함
手頃(てごろ) 적당함	不可欠(ふかけつ) 불가결함	欲深(よくふか) 탐욕적임
楽天的(らくてんてき) 낙천적임	乱雑(らんざつ) 난잡함	

5 부사 및 기타

案(あん)の定(じょう) 아니나다를까	おのずと 저절로	格段(かくだん)に 현격히
格別(かくべつ) 각별히	かつ 한편	極(きわ)めて 더없이

しきりに 계속적으로	じっと 가만히, 지그시	たちまち 금세, 순식간에
断(だん)じて 기필코	断然(だんぜん) 단연	着々(ちゃくちゃく) 착착
ひそかに 몰래	見(み)る見(み)る 순식간에	むやみに 무턱대고
めっきり 현저히, 부쩍	すやすや 새근새근	にやにや 히죽히죽
ぴんぴん 팔팔	ふわり 둥실	ぽっかり 두둥실
～上(じょう) ~상	～状(じょう) ~장	当(とう)～ 당~
～版(ばん) ~판		

6 가타카나어

ウエイト 무게, 중량	キャンプファイア 캠프파이어	クーラーボックス 아이스박스
サポーター 서포터, 팬	スコップ 삽	ストップウオッチ 스톱워치
ストレッチ 스트레치	ダンサー 댄서	チームワーク 팀워크
トレーナー 트레이너	バーベキュー 바비큐	ハイキング 하이킹
バレリーナ 발레리나	ビーチパラソル 비치파라솔	ヒッチハイク 히치하이크
ファインプレー 파인 플레이	ホイッスル 휘슬	

CHAPTER 9 연습문제

問題1 ＿＿＿の言葉の読み方として最もよいものを、1・2・3・4から一つ選びなさい。

1 共働き家庭の増加も少子化の間接的な原因だ。

1 ともかせぎ　　2 ともがせぎ　　3 ともはたらき　　4 ともばたらき

2 煙が出る現象は不完全燃焼の可能性が高い。

1 ねんしょ　　2 ねんしょう　　3 ねっしょ　　4 ねっしょう

3 あの会社は独創的なアイディア商品で人気を呼んだ。

1 どくそう　　2 どくぞう　　3 とくそう　　4 とくぞう

4 最終面接を軽んじて入社に失敗してしまった。

1 かるんじて　　2 かろんじて　　3 おもんじて　　4 あまんじて

5 トラックが行く手を阻んでいてこれ以上進行することができない。

1 はばんで　　2 はげんで　　3 おしんで　　4 いやしんで

6 自分の収入に手頃な車を買ったほうがいい。

1 しゅごろな　　2 しゅころな　　3 てごろな　　4 でころな

7 今は仲人として生計を立てていますが、時々将来が不安になります。

1 しろうと　　2 くろうと　　3 なこうど　　4 なかびと

8 村を守っていた10人のうち8人が逃亡した。

1 ちょうほう　　2 ちょうぼう　　3 とうほう　　4 とうぼう

問題2 (　　　)に入れるのに最もよいものを、1・2・3・4から一つ選びなさい。

1 彼の独裁的な統治は結局 (　　　) を引き起こしてしまった。

1 内閣　　2 乱暴　　3 内乱　　4 攻撃

2 ワールドカップ優勝という国民の（　　　）を果たす日も遠くない。

1 念慮　2 念願　3 一念　4 信念

3 独占（　　　）DVDの発売を記念してイベントを行います。

1 板　2 判　3 版　4 犯

4 このサイトは手紙や年賀（　　　）の書き方を教えてくれる。

1 丈　2 杖　3 状　4 壮

5 貧困や差別を（　　　）あげく、彼は成功した。

1 もたれた　2 しのいだ　3 せがんだ　4 せびた

6 息子は中学生になって（　　　）大きくなった。

1 てっきり　2 めっきり　3 すっきり　4 ぽっきり

7（　　　）と眠っている赤ちゃんを見ると可愛くてたまらない。

1 すやすや　2 ぐうぐう　3 にやにや　4 こそこそ

8 彼は贅沢だった過去を清算し、現在は（　　　）生活をしています。

1 つましい　2 あさましい　3 なやましい　4 たどたどしい

問題3　＿＿＿の言葉に意味が最も近いものを、1・2・3・4から一つ選びなさい。

1 この商品は発売と同時に<u>見る見る</u>売り切れた。

1 むやみに　2 たちまち　3 ひそかに　4 どんどん

2 病院に行くのは<u>わずらわしい</u>けど、今のところ仕方がない。

1 怖い　2 恥ずかしい　3 面倒くさい　4 卑しい

3 あの選手は<u>たどたどしい</u>動きを見せている。

1 正確な　2 確実な　3 不安な　4 不誠実な

4 部長は業務を社員にたくすかたわら、アドバイスを担当している。

1 任せる　　2 説明する　　3 伝達する　　4 指示する

5 おっかない顔をしている人には口を掛けにくいものだ。

1 悲しい　　2 暗い　　3 怖い　　4 厳しい

6 他人の物をむやみに使ってはいけませんよ。

1 しきりに　　2 やたらに　　3 じゆうに　　4 おまけに

7 バスケットボールの試合では黒人選手のプレーがきわだっている。

1 圧巻だ　　2 不振だ　　3 全滅だ　　4 多様だ

8 祖父が亡くなったとたん、遺産をめぐってあさましい争いが始まった。

1 はげしい　　2 やかましい　　3 さもしい　　4 あっけない

問題4　次の言葉の使い方として最もよいものを、1・2・3・4から一つ選びなさい。

1 じっと

1 今までじっと医者の夢を抱いてきた。
2 彼がじっと泳いでいる様子は本当に素晴らしい。
3 口を開けてじっと動かないでください。
4 彼女は窓際に座って外をじっと見つめていた。

2 さんざん

1 試験でさんざんな結果を得て嬉しかった。
2 社長の奥さんはさんざんな美人だった。
3 選手たちのコンディションはさんざんだった。
4 子供にはさんざんな遊びを勧めています。

3 音色

1 笛の音色には人の胸に響くものがある。

2 トレーニングを通して音色を強化した。

3 地震で崩れた建物の中から人の音色が聞こえてきた。

4 １０時間も講義してもう音色を出すだけで喉が痛い。

4 あっけない

1 あのチームはあっけない実力で優勝した。

2 あっけない人と絶対取引をしてはならない。

3 展開はよかったが、結末がちょっとあっけなかった。

4 あっけなく負けてもさしつかえないから、心配するな。

5 にやにや

1 おじいさんは孫の話を聞いてにやにや笑いました。

2 生徒たちはゲームをしながらにやにや笑っている。

3 かつらをつけてきた先生を見て生徒たちはにやにや笑い始めた。

4 彼は昔のことを思いながら独りでにやにや笑っていた。

6 ファインプレー

1 あの選手はファインプレーを守らなくて警告を受けた。

2 試合では負けたがファインプレーで拍手を受けた。

3 すみませんが、ファインプレーをしていただけませんか。

4 あの選手はタックルのようなファインプレーで有名だ。

급소공략 N1 문자·어휘

CHAPTER 10

1 명사

음독 명사

把握(はあく) 파악	肺(はい) 폐	廃棄(はいき) 폐기	配給(はいきゅう) 배급
配偶者(はいぐうしゃ) 배우자	拝啓(はいけい) 배계<편지 머리말>	背景(はいけい) 배경	背後(はいご) 배후
廃止(はいし) 폐지	排除(はいじょ) 배제	賠償(ばいしょう) 배상	排水(はいすい) 배수
配水(はいすい) 배수	敗戦(はいせん) 패전	配属(はいぞく) 배속	配置(はいち) 배치
配布(はいふ) 배포	配分(はいぶん) 배분	敗北(はいぼく) 패배	倍率(ばいりつ) 배율
配慮(はいりょ) 배려	配列(はいれつ) 배열	破壊(はかい) 파괴	破棄(はき) 파기
迫害(はくがい) 박해	白状(はくじょう) 자백	爆弾(ばくだん) 폭탄	爆破(ばくは) 폭파
暴露(ばくろ) 폭로	派遣(はけん) 파견	破損(はそん) 파손	発育(はついく) 발육
発芽(はつが) 발아	発掘(はっくつ) 발굴	発散(はっさん) 발산	抜粋(ばっすい) 발췌
破裂(はれつ) 파열	繁栄(はんえい) 번영	版画(はんが) 판화	反感(はんかん) 반감
反響(はんきょう) 반향	反撃(はんげき) 반격	判決(はんけつ) 판결	反射(はんしゃ) 반사
繁盛(はんじょう) 번성	繁殖(はんしょく) 번식	伴奏(ばんそう) 반주	晩年(ばんねん) 만년
万能(ばんのう) 만능	反発(はんぱつ) 반발	反乱(はんらん) 반란	氾濫(はんらん) 범람
非(ひ) 잘못	ひいき 역성을 듦, 편을 듦	悲観(ひかん) 비관	否決(ひけつ) 부결
非行(ひこう) 비행	比重(ひじゅう) 비중	秘書(ひしょ) 비서	必修(ひっしゅう) 필수
必然(ひつぜん) 필연	匹敵(ひってき) 필적	非難(ひなん) 비난	避難(ひなん) 피난
秘密(ひみつ) 비밀	悲鳴(ひめい) 비명	比喩(ひゆ) 비유	標語(ひょうご) 표어
拍子(ひょうし) 박자	描写(びょうしゃ) 묘사	比率(ひりつ) 비율	肥料(ひりょう) 비료

微量(びりょう) 미량	疲労(ひろう) 피로	披露(ひろう) 피로	敏感(びんかん) 민감
貧血(ひんけつ) 빈혈	貧困(ひんこん) 빈곤	品質(ひんしつ) 품질	品種(ひんしゅ) 품종
封鎖(ふうさ) 봉쇄	風車(ふうしゃ) 풍차	風習(ふうしゅう) 풍습	風俗(ふうぞく) 풍속
風土(ふうど) 풍토	不況(ふきょう) 불황	布巾(ふきん) 행주	複合(ふくごう) 복합
福祉(ふくし) 복지	覆面(ふくめん) 복면	富豪(ふごう) 부호	布告(ふこく) 포고
負債(ふさい) 부채	不在(ふざい) 부재	負傷(ふしょう) 부상	侮辱(ぶじょく) 모욕
不審(ふしん) 불심	不振(ふしん) 부진	武装(ぶそう) 무장	復活(ふっかつ) 부활
物議(ぶつぎ) 물의	復旧(ふっきゅう) 복구	復興(ふっこう) 부흥	物資(ぶっし) 물자
仏像(ぶつぞう) 불상	物体(ぶったい) 물체	沸騰(ふっとう) 끓어오름	赴任(ふにん) 부임
腐敗(ふはい) 부패	不服(ふふく) 불복	部門(ぶもん) 부문	扶養(ふよう) 부양
浮力(ふりょく) 부력	武力(ぶりょく) 무력	付録(ふろく) 부록	憤慨(ふんがい) 분개
分散(ぶんさん) 분산	分子(ぶんし) 분자	紛失(ふんしつ) 분실	噴出(ふんしゅつ) 분출
紛争(ふんそう) 분쟁	分担(ぶんたん) 분담	奮闘(ふんとう) 분투	分配(ぶんぱい) 분배
分母(ぶんぼ) 분모	粉末(ふんまつ) 분말	分離(ぶんり) 분리	分裂(ぶんれつ) 분열

훈독 명사

歯軋り(はぎしり) 이를 갊	裸足(はだし) 맨발	蜂蜜(はちみつ) 벌꿀	初耳(はつみみ) 초문, 처음 들음
果(は)て 끝	花弁(はなびら) 꽃잎	浜辺(はまべ) 해변	原(はら)っぱ 들판
控(ひか)え室(しつ) 대기실	日陰(ひかげ) 그늘	日(ひ)ごろ 평소	一息(ひといき) 한숨
人影(ひとかげ) 사람의 그림자	人柄(ひとがら) 인품	人気(ひとけ) 인기척	人質(ひとじち) 인질
一筋(ひとすじ) 한 줄기	人手(ひとで) 일손	人出(ひとで) 인파	雛(ひな) 병아리
火花(ひばな) 불똥	縁(ふち) 테두리, 가장자리	不手際(ふてぎわ) 솜씨가 나쁨	

2 동사

潤(うるお)う 윤택해지다	おびえる 무서워하다	偏(かたよ)る 치우치다
極(きわ)める 더없이 ~하다	悔(く)いる 후회하다	悔(く)やむ 후회하다
覆(くつがえ)す 뒤엎다	寛(くつろ)ぐ 편히 쉬다	企(くわだ)てる 꾀하다, 기도하다
廃(すた)れる 쇠퇴하다	企(たくら)む 꾸미다, 꾀하다	蓄(たくわ)える 비축하다
携(たずさ)える 휴대하다	携(たずさ)わる 관계하다, 종사하다	正(ただ)す 바로잡다
漂(ただよ)う 떠다니다	たたる 화근이 되다	たどる 더듬다
だぶつく 남아돌다, 과잉되다	ためらう 주저하다, 망설이다	ちらつく 어른거리다, 반짝이다
費(つい)やす 소비하다, 낭비하다	つつく 찌르다, 쪼다	つねる 꼬집다
浸(ひた)す 담그다	浸(ひた)る 잠기다	翻(ひるがえ)す 뒤집다
更(ふ)かす 깨어 있다	更(ふ)ける (밤, 계절) 깊어지다	拭(ふ)く 닦다
老(ふ)ける 늙다	ぶらつく 배회하다	奮(ふる)う 용기를 내다
もめる 분규가 일다	切(き)り出(だ)す 잘라내다, 말을 꺼내다	繰(く)り上(あ)げる 끌어올리다
取(と)り除(のぞ)く 제거하다	取(と)り外(はず)す 떼어내다	吹(ふ)き出(だ)す 바람이 불기 시작하다
踏(ふ)み切(き)る 단행하다, 결단 내리다	振舞(ふるま)う 행동하다, 대접하다	割(わ)り込(こ)む 끼어들다

3 い형용사

疎(うと)い 잘 모르다, (사정에) 어둡다	がめつい 악착스럽다	気疎(けうと)い 싫다, 역겹다
こすい 교활하다	ごつい 억세다, 무뚝뚝하다	酸(す)い 시다
空々(そらぞら)しい 속이 빤히 보이다	どぎつい 자극적이다	ねつい 끈덕지다, 끈질기다
みみっちい 인색하다	惨(むご)い 비참하다	目(め)まぐるしい 어지럽다

宜(よろ)しい 괜찮다

4 な형용사

軽(かる)はずみ 경솔함	華麗(かれい) 화려함	寛大(かんだい) 관대함
けち 인색함, 쩨쩨함	細心(さいしん) 세심함	淑(しと)やか 정숙함
しなやか 탄력이 있음	社交的(しゃこうてき) 사교적임	絶大(ぜつだい) 아주 큼
重宝(ちょうほう) 쓸모가 있어 편리함	ちんぷんかんぷん 종잡을 수 없음	
月並(つきな)み 평범함	不始末(ふしまつ) 부주의함	不自由(ふじゆう) 불편함
不純(ふじゅん) 순수하지 않음	不順(ふじゅん) 불순함, 순탄치 못함	冷酷(れいこく) 냉혹함
露骨(ろこつ) 노골적임	腕白(わんぱく) 개구쟁이임	

5 부사 및 기타

くまなく 샅샅이	くれぐれも 부디, 아무쪼록	現(げん)に 실제로
丹念(たんねん)に 공들여, 세밀히	昼夜(ちゅうや) 밤낮으로	ちょっぴり 약간
～ついでに ~하는 김에	当面(とうめん) 당분간	漠然(ばくぜん) 막연
専(もっぱ)ら 오직	もとより 원래, 물론	ややもすると 자칫하면
さっさと 재빨리, 지체 없이	ざわざわ 와글와글	つるつる 반들반들, 매끈매끈
でこぼこ 울퉁불퉁	なみなみ 남실남실	ぶかぶか 헐렁헐렁
ぼつぼつ 슬슬, 조금씩	ぽつぽつ 드문드문	ぼろぼろ 너덜너덜
むかむか 메슥메슥, 울컥	～管(かん) ~관	～軍(ぐん) ~군, 군대

6 가타카나어

ガイドブック 가이드 북	キャラクター 캐릭터	コミュニケーション 커뮤니케이션
スペースシャトル 우주왕복선	セメント 시멘트	チップ 팁
ツアー 투어	テーマパーク 테마파크	ノルマ 할당량
パンフレット 팸플릿	プランクトン 플랑크톤	フロント 프런트
ペンチ 펜치	ポンプ 펌프	マスコミ 매스컴
メディア 미디어	モーニングコール 모닝콜	

CHAPTER 10 연습문제

問題1 ＿＿＿の言葉の読み方として最もよいものを、1・2・3・4から一つ選びなさい。

1 1950年代は繊維産業が<u>繁盛</u>した時期だった。

1 はんせい　2 はんぜい　3 はんしょう　4 はんじょう

2 核心メンバーの<u>負傷</u>はチームにとって致命的だ。

1 ふしょう　2 ぶしょう　3 ふじょう　4 ぶじょう

3 『源氏物語(げんじものがたり)』は人物の心理<u>描写</u>が卓越した作品だ。

1 ひょしゃ　2 びょしゃ　3 ひょうしゃ　4 びょうしゃ

4 使い捨てカイロを<u>携えて</u>いれば冬を暖かく過ごせる。

1 たずさえて　2 たくわえて　3 たたえて　4 たがえて

5 あの人、影で何か陰謀を<u>企んで</u>いるに違いない。

1 にらんで　2 からんで　3 たくらんで　4 きざんで

6 未成年者を対象とした性犯罪には<u>冷酷</u>な処罰が必要だ。

1 れいごく　2 れいこく　3 れいきょく　4 れいぎょく

7 温和なイメージを<u>覆して</u>カリスマ的な演技を見せてくれた。

1 くつかえして　2 くつがえして　3 うらかえして　4 うらがえして

8 世界の富の半分を四百人の<u>富豪</u>が独占しているそうだ。

1 ふご　2 ふごう　3 ふうご　4 ふうごう

問題2 (　　　)に入れるのに最もよいものを、1・2・3・4から一つ選びなさい。

1 年取った両親を (　　　) するのに毎月10万円ぐらいかかっている。

1 援助　2 養育　3 扶助　4 扶養

2 病床についていた時、ずっと息子の顔が（　　　）。

1 だぶついた　2 ちらついた　3 ためらった　4 ちらした

3 配水（　　　）が髪の毛で詰まっています。

1 菅　2 官　3 館　4 管

4 もう反乱（　　　）を鎮圧するのは不可能な局面に至った。

1 罪　2 軍　3 犯　4 民

5 （　　　）追い付くライバルたちとの競争、そのものが楽しみだ。

1 どぎつく　2 むごく　3 ねつく　4 あつく

6 犯人は近所に隠れているに決まっている。（　　　）捜せ。

1 きっと　2 こまかく　3 くまなく　4 くわしく

7 化粧水を変えたらざらざらした肌が（　　　）になった。

1 かさかさ　2 つるつる　3 がさがさ　4 でこぼこ

8 月末になると残業が増えて（　　　）睡眠不足に陥りがちだ。

1 くれぐれも　2 みすみす　3 ほどなく　4 ややもすると

問題3 ＿＿＿の言葉に意味が最も近いものを、1・2・3・4から一つ選びなさい。

1 人はややもすればお金に<u>みみっちく</u>なりがちだ。

1 ひきょうに　2 けちに　3 ひれつに　4 めんどうに

2 そんな<u>ごつい</u>顔をしないで笑ってみなさい。

1 真面目な　2 不思議な　3 無愛想な　4 生意気な

3 玄米は水に<u>ひたす</u>時間をきちんと守らないと、バラバラになっちゃう。

1 つける　2 しずむ　3 あらう　4 まぜる

4 あの俳優は50代なのにまだしなやかな体つきをしている。

1 魅力のある　2 生気のある　3 弾力のある　4 活気のある

5 7月になったし、海にぼつぼつ避暑客が来始めるだろう。

1 だんだん　2 そろそろ　3 どんどん　4 いきなり

6 クーデターをくわだてた罪で、彼は死刑に処せられた。

1 たくらんだ　2 おこした　3 ひきいた　4 ねらった

7 彼は世界的な経済学者だが、政治についてはうといそうだ。

1 くわしい　2 おろかしい　3 くらい　4 むごい

8 軽はずみな発言を注意しなければならない。

1 軽率な　2 軽快な　3 軽減した　4 軽蔑の

問題4　次の言葉の使い方として最もよいものを、1・2・3・4から一つ選びなさい。

1 不順

1 お客さんは不順に並んでいた。
2 不順な天候が続くと野菜も高くなる。
3 最近、事業実績が不順でちょっと心配だ。
4 誰でも不順に練習すれば上手になります。

2 品種

1 日本語には雨の品種によっていろんな呼び方がある。
2 米は同じ品種でも土壌や水によって味が違ってくる。
3 最近は車もさまざまな品種があって選択しにくい。
4 コンビニではいろいろな品種のチケットを売っている。

3 露骨

1 彼女との思い出は露骨に覚えている。

2 参加者たちに開会時間のことを露骨に知らせる。

3 新しいレンズにしたら全てが露骨に見えた。

4 相手の選手は判定に対して露骨に不満を表した。

4 マスコミ

1 革新的なマスコミを通して交通難を解消した。

2 きまぐれなマスコミに影響受けずに最善を尽くせばいいのだ。

3 たいていの国では夜9時にマスコミが放送されます。

4 マスコミができないと人間関係は疎かになるしがちだ。

5 さっさと

1 どうせ駄目ならさっさとやめなさい。

2 さっさと勉強しないと試験に落ちてしまうよ。

3 飛行機はさっさと離陸し、目の前から遠ざかった。

4 うちの子は毎日さっさと遊んでばかりいる。

6 むかむか

1 あの人と話しているとむかむかして笑ってしまいそうだ。

2 見るだけでむかむかしてとても食べられない。

3 昨日から腕がむかむかしているんです。

4 体がむかむかしないように毎日運動しなさい。

CHAPTER 11

1 명사

음독 명사

兵器(へいき) 병기	並行(へいこう) 병행	閉鎖(へいさ) 폐쇄	別居(べっきょ) 별거
弁解(べんかい) 변명	変革(へんかく) 변혁	変換(へんかん) 변환	便宜(べんぎ) 편의
返却(へんきゃく) 반환	偏見(へんけん) 편견	弁護(べんご) 변호	返済(へんさい) 반제
弁償(べんしょう) 변상	変遷(へんせん) 변천	変装(へんそう) 변장	返答(へんとう) 회답, 대답
変動(へんどう) 변동	弁論(べんろん) 변론	保育(ほいく) 보육	法案(ほうあん) 법안
防衛(ぼうえい) 방위	防火(ぼうか) 방화	崩壊(ほうかい) 붕괴	妨害(ぼうがい) 방해
放棄(ほうき) 포기	封建(ほうけん) 봉건	豊作(ほうさく) 풍작	方策(ほうさく) 방책
奉仕(ほうし) 봉사	放射(ほうしゃ) 방사	報酬(ほうしゅう) 보수	放出(ほうしゅつ) 방출
紡績(ぼうせき) 방적	放置(ほうち) 방치	膨張(ぼうちょう) 팽창	法廷(ほうてい) 법정
報道(ほうどう) 보도	冒頭(ぼうとう) 모두	暴動(ぼうどう) 폭동	褒美(ほうび) 포상
抱負(ほうふ) 포부	暴風(ぼうふう) 폭풍	暴力(ぼうりょく) 폭력	飽和(ほうわ) 포화
捕獲(ほかく) 포획	保管(ほかん) 보관	補給(ほきゅう) 보급	補強(ほきょう) 보강
募金(ぼきん) 모금	牧師(ぼくし) 목사	捕鯨(ほげい) 포경	保険(ほけん) 보험
保護(ほご) 보호	母校(ぼこう) 모교	補充(ほじゅう) 보충	補助(ほじょ) 보조
保障(ほしょう) 보장	補償(ほしょう) 보상	舗装(ほそう) 포장	補足(ほそく) 보충
墓地(ぼち) 묘지	発作(ほっさ) 발작	没収(ぼっしゅう) 몰수	発足(ほっそく) 발족
没頭(ぼっとう) 몰두	没落(ぼつらく) 몰락	保養(ほよう) 보양	捕虜(ほりょ) 포로
本名(ほんみょう) 본명	埋蔵(まいぞう) 매장	麻酔(ますい) 마취	末期(まっき) 말기

麻痺(まひ) 마비	満喫(まんきつ) 만끽	満月(まんげつ) 보름달	満場(まんじょう) 만장
慢性(まんせい) 만성	未開(みかい) 미개	味覚(みかく) 미각	未婚(みこん) 미혼
未熟(みじゅく) 미숙	微塵(みじん) 티끌	未知(みち) 미지	密集(みっしゅう) 밀집
密接(みっせつ) 밀접	密度(みつど) 밀도	脈(みゃく) 맥	民宿(みんしゅく) 민박
民族(みんぞく) 민족	民俗(みんぞく) 민속	無言(むごん) 무언	無線(むせん) 무선
無断(むだん) 무단	無知(むち) 무지	無念(むねん) 무념	

훈독 명사

穂(ほ) 이삭	干物(ほしもの) 볕에 말린 것, 세탁물	本筋(ほんすじ) 본론	本音(ほんね) 본심
前売り(まえうり) 예매	前置き(まえおき) 서문	真心(まごころ) 진심	股(また) 가랑이
真っ先(まっさき) 맨 앞, 선두	眉(まゆ) 눈썹	鞠(まり) 공	見合(みあい) 맞선
幹(みき) 줄기	見込み(みこみ) 전망	水気(みずけ) 물기	溝(みぞ) 도랑
見積もり(みつもり) 견적	見通し(みとおし) 조망	源(みなもと) 근원	身なり(みなり) 옷차림
峰(みね) 산봉우리	身振り(みぶり) 몸짓	むきだし 노골적임, 드러냄	婿(むこ) 사위, 신랑
無駄遣い(むだづかい) 낭비			

2 동사

好む(このむ) 좋아하다	拒む(こばむ) 거절하다	籠もる(こもる) 틀어박히다
懲りる(こりる) 넌더리 나다	凝る(こる) 엉기다	辿る(たどる) 더듬어가다
堪る(たまる) 견디다	貯まる(たまる) 돈이 모이다	垂らす(たらす) 늘어뜨리다
足りる(たりる) 충분하다	足る(たる) 족하다	戯れる(たわむれる) 장난치다
なじむ 친숙해지다	なぞらえる 본뜨다	なだめる 달래다

- なびく 복종하다
- にじむ 번지다
- ねだる 조르다
- のける 치우다
- のさばる 설치다
- 秘(ひ)める 숨기다
- 惑(まど)わす 혼란시키다
- 瞬(まばた)く 눈을 깜박이다
- 報(むく)いる 보답하다
- 貪(むさぼ)る 탐하다
- 蝕(むしば)む 벌레먹다
- 蒸(む)す 찌다
- わきまえる 분별하다, (분수 등을) 알다
- 強張(こわば)る 굳어지다
- 差(さ)し支(つか)える 지장이 있다
- 切羽詰(せっぱつま)る 궁지에 몰리다
- 旅立(たびだ)つ 여행을 떠나다
- 取(と)り組(く)む 몰두하다
- なぎ倒(たお)す 쳐서 넘어뜨리다
- 成(な)し遂(と)げる 성취하다, 완수하다
- 待(ま)ち兼(か)ねる 애타게 기다리다
- 見出(みいだ)す 찾아내다
- 見入(みい)る 지켜보다
- 見(み)なす 간주하다
- 持(も)て余(あま)す 주체 못하다
- 割(わ)り切(き)れる 납득되다

3 い형용사

- あどけない 천진난만하다
- いとけない 철없다, 천진난만하다
- いわけない 철없다, 어리다
- 幼(おさな)い 어리다
- おぼつかない 미덥지 못하다
- ぎこちない 어색하다
- さがない 고약하다
- しがない 하찮다
- 白々(しらじら)しい 천연덕스럽다
- 素気無(すげな)い 쌀쌀하다, 매정하다
- つたない 서투르다

4 な형용사

- 微(かす)か 희미함
- 几帳面(きちょうめん) 꼼꼼함
- 機敏(きびん) 기민함
- 気紛(きまぐ)れ 변덕스러움
- 清(さや)か 밝고 맑음
- 健(すこ)やか 튼튼함, 건전함
- ずさん 엉터리임
- ずぼら 칠칠치 못함
- 率直(そっちょく) 솔직함
- 多岐(たき) 여러 가지임
- 手薄(てうす) 허술함
- とっぴ 엉뚱함

貪欲(どんよく) 탐욕스러움	のどか 한가로움	華(はな)やか 화려함
不透明(ふとうめい) 불투명함	不慣(ふな)れ 익숙하지 않음	無難(ぶなん) 무난함

5 부사 및 기타

尽(ことごと)く 모조리, 전부	差(さ)し当(あ)たり 당분간	さすが 과연
堂々(どうどう)と 당당히	とかく 이러쿵저러쿵	時折(ときおり) 가끔
どんより 어두운 모양	ふと 문득	前(まえ)もって 미리
まして 하물며	やたらに 무턱대고, 함부로	ろくに 제대로
がやがや 왁자지껄	きらきら 반짝반짝	ぎらぎら 번쩍번쩍, 쨍쨍
げらげら 껄껄	しょんぼり 풀이 죽은 모양	しんと 잠잠히
すいすい 술술, 쓱쓱	ずきずき 욱신욱신	ちらほら 듬성듬성
とんとん 척척, 순조로이	ばたばた 허둥지둥	ばらばら 흩어지는 모양
ぴかぴか 번쩍번쩍	やむを得(え)ず 어쩔 수 없이	

6 가타카나어

キャリア 경력	コマーシャル 상업광고	コレクトコール 콜렉트 콜
ジャーナリズム 저널리즘	ディレクター 디렉터	テレホンカード 전화 카드
トークショー 토크쇼	ニュースキャスター 뉴스캐스터	ネットワーク 네트워크
ハードル 허들	フリーダイヤル 무료전화	プロデューサー 프로듀서
リアルタイム 실시간	リストアップ 리스트 업	ローミングサービス 로밍서비스

問題１　＿＿＿の言葉の読み方として最もよいものを、1・2・3・4から一つ選びなさい。

1 図書の返却が遅れる場合、一日につき１００円かかります。

1 へんきゃく　2 へんきょく　3 はんきゃく　4 はんきょく

2 残りは後で補充するから今日はこれで終わり。

1 ほうじゅう　2 ほうちゅう　3 ほじゅう　4 ほちゅう

3 奉仕活動を通して障害者の事情をほんの少し理解できるようになった。

1 ぼうし　2 ほうし　3 ぼうじ　4 ほうじ

4 産業の発達と共に人口も膨張しはじめた。

1 ほうちょ　2 ぼうちょ　3 ほうちょう　4 ぼうちょう

5 前髪を垂らすスタイルが彼に似合う

1 たらす　2 はらす　3 ならす　4 こらす

6 何回も要請したがいつも素気無い返事だけだ。

1 すきない　2 すぎない　3 すけない　4 すげない

7 論文の主題は「韓国の食文化の変遷」に決まりました。

1 へんせつ　2 へんせん　3 へんしん　4 へんせい

8 きれいな満月は何時間を見ていても飽きない。

1 ばんげつ　2 ばんつき　3 まんげつ　4 まんつき

問題２　（　　　）に入れるのに最もよいものを、1・2・3・4から一つ選びなさい。

1 独立と共に（　　　）されていた財産を取り戻した。

1 没頭　2 没入　3 没落　4 没収

2 バイヤーに会う時はきちんとした（　　　）をしなければならない。

1 身ぶり　2 身より　3 身なり　4 身うり

3 コンクールのことで不安がっている娘を（　　　）やった。

1 たすけて　2 さとって　3 くんで　4 なだめて

4 喫煙は健康な生活に深刻に（　　　）。

1 差し当てる　2 差し仕える　3 差し支える　4 差し押さえる

5 今年優勝したことで三連覇を（　　　）。

1 なぎたおした　2 なしとげた　3 とりはずした　4 とりのぞいた

6 文法に合わなくて（　　　）文章になってしまった。

1 つまらない　2 おさない　3 くだらない　4 ぎこちない

7 右側の奥歯が（　　　）して歯医者に行ってきた。

1 ずきずき　2 きらきら　3 ばらばら　4 げらげら

8 このギャラリーは宇宙に（　　　）作られたそうだ。

1 なぞらえて　2 みなして　3 こらえて　4 のけて

問題3　＿＿＿の言葉に意味が最も近いものを、1・2・3・4から一つ選びなさい。

1 娘が誕生日のプレゼントでノートパソコンをねだっている。

1 もとめて　2 ねがって　3 せがんで　4 いのって

2 彼は丈夫な体はもとより、すこやかな精神の持ち主でもある。

1 高尚な　2 健全な　3 完璧な　4 謙虚な

3 結婚のお祝いは前もって準備しておこう。

1 あらかじめ　2 すでに　3 すみやかに　4 まえに

4 先生が時間通りに来ないと生徒たちは<u>がやがや</u>と騒ぎ出すものだ。

1 げらげら　2 ざわざわ　3 にやにや　4 ずきずき

5 パスを<u>ことごとく</u>失敗したので完敗するしかなかった。

1 すべて　2 たまたま　3 たいへん　4 よく

6 子供たちの<u>あどけない</u>笑顔をいつまでも守ってあげたい。

1 あかるい　2 いとけない　3 いさましい　4 なさけぶかい

7 あの選手は理由もなくユニホームを着用することを<u>こばんで</u>います。

1 たのしんで　2 ことわって　3 このんで　4 うけいれて

8 ここは<u>のどかに</u>暮らせるからいいようなものの、ちょっと寂しいかもしれない。

1 のんびりと　2 ゆたかに　3 すみやかに　4 あわれに

問題4　**次の言葉の使い方として最もよいものを、1・2・3・4から一つ選びなさい。**

1 見積もり

1 この部屋の<u>見積もり</u>はどのぐらいですか。

2 防音設備の<u>見積もり</u>を出してほしいです。

3 明日の試合の<u>見積もり</u>をお知らせします。

4 子供は<u>見積</u>書を見ながら模型を組み立てた。

2 真心

1 彼女は<u>真心</u>になって音楽を鑑賞していた。

2 選手たちは<u>真心</u>でグラウンドを走り回った。

3 私の<u>真心</u>もいつも正しいとは言えませんよ。

4 我が社は<u>真心</u>でご奉仕の引越しセンターです。

3 わきまえる

1 人間は、人間の分をわきまえるべきだと思う。

2 おやつは二人で仲良くわきまえて食べなさい。

3 あの教授の講義はとうていわきまえられない。

4 ハンバーグはわきまえにくいからチキンにしよう。

4 とっぴ

1 彼はとっぴなアイディアで成功した。

2 このレストランはとっぴな雰囲気で有名だ。

3 田中(たなか)君は質問によくとっぴな答えをしている。

4 友達の結婚式にとっぴな身なりで出席した。

5 堂々と

1 さんざん苦労したあげく堂々と成功した。

2 これからは人目を気にせず、堂々と生きたい。

3 誰でも堂々と勉強すれば合格できます。

4 どうぞ、遠慮なく堂々と召し上がってください。

6 プロデューサー

1 現地にいるプロデューサーが生中継で放送します。

2 結婚式のプロデューサーはユーモアのある人がいい。

3 テレビ局で使う高価のプロデューサーはほとんど輸入品だ。

4 世界的なプロデューサーと共に作業するようになった。

CHAPTER 12

1 명사

음독 명사

名産(めいさん) 명산	名称(めいしょう) 명칭	命中(めいちゅう) 명중	名簿(めいぼ) 명부
名誉(めいよ) 명예	滅亡(めつぼう) 멸망	面会(めんかい) 면회	免除(めんじょ) 면제
面識(めんしき) 면식	面目(めんぼく) 면목	盲点(もうてん) 맹점	網羅(もうら) 망라
猛烈(もうれつ) 맹렬	目録(もくろく) 목록	模型(もけい) 모형	模索(もさく) 모색
模範(もはん) 모범	模倣(もほう) 모방	問答(もんどう) 문답	野外(やがい) 야외
夜具(やぐ) 침구	役職(やくしょく) 직무	躍進(やくしん) 약진	野党(やとう) 야당
由緒(ゆいしょ) 유서	優位(ゆうい) 우위	憂鬱(ゆううつ) 우울	優越(ゆうえつ) 우월
勇敢(ゆうかん) 용감	融資(ゆうし) 융자	有数(ゆうすう) 유수	融通(ゆうずう) 융통
優勢(ゆうせい) 우세	優先(ゆうせん) 우선	誘導(ゆうどう) 유도	有望(ゆうぼう) 유망
遊牧(ゆうぼく) 유목	幽霊(ゆうれい) 유령	誘惑(ゆうわく) 유혹	油断(ゆだん) 방심
ゆとり (시간, 금전, 기력 등의) 여유		要因(よういん) 요인	溶液(ようえき) 용액
溶岩(ようがん) 용암	養護(ようご) 양호	幼児(ようじ) 유아	養成(ようせい) 양성
要請(ようせい) 요청	容積(ようせき) 용적	様相(ようそう) 양상	要望(ようぼう) 요망
羊毛(ようもう) 양털	要領(ようりょう) 요령	余暇(よか) 여가	予感(よかん) 예감
余興(よきょう) 여흥	預金(よきん) 예금	抑圧(よくあつ) 억압	浴室(よくしつ) 욕실
翌日(よくじつ) 다음 날	抑制(よくせい) 억제	欲望(よくぼう) 욕망	予測(よそく) 예측
予断(よだん) 예단	余地(よち) 여지	与党(よとう) 여당	落第(らくだい) 낙제
落胆(らくたん) 낙담	酪農(らくのう) 낙농	落下(らっか) 낙하	楽観(らっかん) 낙관

乱暴(らんぼう) 난폭	濫用(らんよう) 남용	利益(りえき) 이익	理屈(りくつ) 이치
利子(りし) 이자	利潤(りじゅん) 이윤	利息(りそく) 이자	立体(りったい) 입체
立方(りっぽう) 입방	立法(りっぽう) 입법	里程標(りていひょう) 이정표	利点(りてん) 이점
略語(りゃくご) 준말	略奪(りゃくだつ) 약탈	流出(りゅうしゅつ) 유출	流通(りゅうつう) 유통
領域(りょういき) 영역	了解(りょうかい) 이해, 양해	領海(りょうかい) 영해	両極(りょうきょく) 양극
良好(りょうこう) 양호	良識(りょうしき) 양식	良質(りょうしつ) 양질	領収(りょうしゅう) 영수
了承(りょうしょう) 승낙	良心(りょうしん) 양심	領地(りょうち) 영지	領土(りょうど) 영토
両立(りょうりつ) 양립	旅客(りょかく) 여객	旅券(りょけん) 여권	履歴(りれき) 이력
林業(りんぎょう) 임업	類推(るいすい) 유추	留守(るす) 부재중	礼儀(れいぎ) 예의
冷蔵(れいぞう) 냉장	冷淡(れいたん) 냉담	冷凍(れいとう) 냉동	恋愛(れんあい) 연애
連休(れんきゅう) 연휴	連合(れんごう) 연합	連日(れんじつ) 연일	連続(れんぞく) 연속
連帯(れんたい) 연대	連中(れんちゅう) 일당, 한패	連邦(れんぽう) 연방	連盟(れんめい) 연맹
老衰(ろうすい) 노쇠	朗読(ろうどく) 낭독	浪費(ろうひ) 낭비	朗報(ろうほう) 낭보
労力(ろうりょく) 노력	論議(ろんぎ) 논의	論争(ろんそう) 논쟁	論理(ろんり) 논리
惑星(わくせい) 혹성	和風(わふう) 일본풍	和文(わぶん) 일본어 문장	湾(わん) 만

훈독 명사

目方(めかた) 무게	恵み(めぐ) 은혜	雌(めす) 암컷	目付き(めつ) 눈초리
目盛(めもり) 눈금	申し分(もう ぶん) 할 말	目論見(もくろみ) 계획	喪服(もふく) 상복
腿(もも) 허벅다리	矢(や) 화살	火傷(やけど) 화상	矢印(やじるし) 화살표
闇(やみ) 어둠	夕暮(ゆうぐれ) 해질녘	夕焼け(ゆうや) 저녁놀	弓(ゆみ) 활
横綱(よこづな) 천하장사	余所見(よそみ) 한눈 팖	夜更け(よふ) 심야	世論(よろん) 여론
枠(わく) 테두리, 테	技(わざ) 기술	綿(わた) 면	渡り鳥(わた どり) 철새
藁(わら) 볏짚	割当(わりあて) 할당	割算(わりざん) 나눗셈	

2 동사

煙(けむ)る 연기가 나다	肥(こ)える 살찌다	肥(こ)やす 살찌우다
焦(こ)げる 타다, 눋다	漕(こ)ぐ (노를) 젓다, (페달을) 밟다	凍(こご)える 얼다, 곱다
建(た)つ 축조되다	発(た)つ 떠나다	経(た)つ 경과하다
断(た)つ 끊다, 그만두다	裁(た)つ 재단하다	つぶす 찌그러뜨리다
つぶれる 깨지다, 부서지다	咎(とが)める 책망하다, 나무라다	とぎれる 끊기다
ともす 불을 켜다	どもる 말을 더듬다	弾(はじ)く 튀기다
隔(へだ)てる 거리를 두다	報(ほう)じる 갚다, 알리다	葬(ほうむ)る 묻다, 매장하다
施(ほどこ)す 베풀다	ほっとする 안심하는 모양	惚(ほ)れる 반하다
参(まい)る 가다, 오다	賄(まかな)う 꾸려가다	紛(まぎ)らす 얼버무리다
紛(まぎ)れる (뒤섞여) 헷갈리다	もつれる 엉클어지다, 꼬이다	催(もよお)す 개최하다
和(やわ)らぐ 누그러지다	詫(わ)びる 사과하다	差(さ)し置(お)く 놔두다
差(さ)し迫(せま)る 눈앞에 다가오다	たて突(つ)く 대들다	取(と)り巻(ま)く 에워싸다
触(ふ)れ合(あ)う 스치다	踏(ふ)ん張(ば)る 버티다	巻(ま)き込(こ)む 연루시키다, 말려들게 하다
見(み)落(お)とす 간과하다	持(も)ち込(こ)む 반입하다	持(も)ち出(だ)す 들어내다

3 い형용사

あざとい 약삭빠르다	油(あぶら)っこい 느끼하다	いざとい 잠귀가 밝다
いたわしい 측은하다, 딱하다	忌(い)まわしい 꺼림칙하다, 불길하다	際(きわ)どい 아슬아슬하다
敏(さと)い 명석하다	しぶとい 끈질기다	しんどい 힘들다
せわしい 바쁘다	ふがいない 한심스럽다	よそよそしい 냉담하다, 쌀쌀하다

4 な형용사

完璧(かんぺき) 완벽함
気掛(きが)かり 걱정임
気障(きざ) 비위에 거슬림, 아니꼬움
種々(しゅじゅ) 가지가지임
親密(しんみつ) 친밀함
でたらめ 엉터리임
得意(とくい) 자신 있음
特異(とくい) 특이함
生半可(なまはんか) 어중간함, 어설픔
ぶっきらぼう 퉁명스러움
不都合(ふつごう) 불편함
物騒(ぶっそう) 뒤숭숭함
真(ま)っ当(とう) 정직함, 성실함, 진지함
まばら 드문드문함, 뜸함
面倒(めんどう) 귀찮음
余計(よけい) 쓸데없음
利口(りこう) 영리함

5 부사 및 기타

かねて 미리, 전부터
極(ごく) 지극히
刻一刻(こくいっこく) 시시각각
こぢんまり 조촐히
総(そう)じて 대체로
努(つと)めて 애써, 되도록
てっきり 영락없이
はっと 문득
ひとまず 일단, 우선
ひとりでに 자연히, 저절로
ひょっとしたら 어쩌면, 혹시
よくも 용케
こせこせ 마음에 여유가 없어 작은 일에 매달리는 모양
しくしく 훌쩍훌쩍
じっくり 곰곰이, 차분히
しみじみ 절실히
せかせか 말투· 동작이 부산한 모양
ちょろちょろ 졸졸, 졸랑졸랑
ぬるぬる 미끈미끈
のろのろ 느릿느릿
むんむん 열기나 냄새가 가득 찬 모양
めきめき 부쩍부쩍
もじもじ 머뭇머뭇
よぼよぼ 쇠약해진 모양
純(じゅん)～ 순~, 순수~

6 가타카나어

アクセント 악센트	ジェスチャー 제스처	スキャナー 스캐너
ストーカー 스토커	セクハラ 성희롱	チャンネル 채널
ネーティブスピーカー 네이티브스피커		ネチズン 네티즌
ネットショッピグ 인터넷쇼핑	ヒアリング 히어링	ファックス 팩스
フォロー 팔로우	ブログ 블로그	マナーモード 진동모드
メッセージ 메시지	モバイル 모바일	リスニング 리스닝
ログアウト 로그아웃	ログイン 로그인	

CHAPTER 12 연습문제

問題1 ＿＿＿の言葉の読み方として最もよいものを、1・2・3・4から一つ選びなさい。

1 「模倣は創造の母」という言葉を聞いたことがある。

1 もうほう　2 もうぼう　3 もほう　4 もぼう

2 年を取れば脳の機能が老衰していくのは当たり前だ。

1 おいすい　2 ろうすい　3 おいあい　4 ろうあい

3 大統領は融通のきかない態度で一貫した。

1 ゆうつう　2 ゆうずう　3 ゆつう　4 ゆずう

4 巨大な独占企業によって中小企業が葬られている。

1 ほうもられて　2 うめられて　3 ほうむられて　4 うずめられて

5 愛するとは、誰かに親切を施したいと望むことです。

1 ほどこしたい　2 おびやかしたい　3 おどかしたい　4 ほろぼしたい

6 市負担額はわずか十億円。そのほかは寄付金、登録費などで賄うとしている。

1 そこなう　2 まかなう　3 あがなう　4 おぎなう

7 目盛のない釜でご飯を炊こうとするとき、水の分量はどうするんですか。

1 めせい　2 めさかり　3 めじょう　4 めもり

8 次回は暗算で割算にチャレンジしてみましょう。

1 わりさん　2 わりざん　3 われさん　4 われざん

問題2 (　　　)に入れるのに最もよいものを、1・2・3・4から一つ選びなさい。

1 企業というのは基本的に (　　　) を追求するものだ。

1 利潤　2 利子　3 恵沢　4 有益

2 オーストラリアは牛乳のような（　　　）産業が盛んな国だ。

1 農畜　2 農耕　3 酪農　4 乳製

3 最近、子供が（　　　）悲劇的な犯罪が増えている。

1 巻き込められる　2 巻き上がる　3 巻き込まれる　4 巻き起される

4 税金を除いた（　　　）利子収入は7万円ぐらいだ。

1 再　2 準　3 全　4 純

5 口げんかの後、彼女の態度が（　　　）一緒に居づらい。

1 ぎこちなくて　2 おかしくて　3 よそよそしくて　4 おそろしくて

6 彼女は先月別れた恋人を思い出して今も毎日（　　　）泣いている。

1 しくしく　2 のろのろ　3 しとしと　4 めきめき

7 重要な決定をする時は（　　　）考えてから行動するにこしたことはない。

1 がっくり　2 じっくり　3 ぎっくり　4 ぐっすり

8 必死に走り、スライディングして（　　　）セーフになった。

1 あざとく　2 しんどく　3 きわどく　4 しぶとく

問題3　＿＿＿の言葉に意味が最も近いものを、1・2・3・4から一つ選びなさい。

1 留学生活を通して母国の良さをしみじみと感じた。

1 絶妙に　2 切実に　3 実際に　4 偶然に

2 私は楽観的な性格なので忌まわしい夢をみても気にしない。

1 ふきつな　2 ささやかな　3 ふしぎな　4 とっぴな

3 私は周りにいたわしい人がいると手伝わずにはいられない。

1 厄介な　2 生意気な　3 可哀そうな　4 不自由な

4 事故で足を怪我したが、努めて出勤することにしています。

1 ねっしんに　2 たまに　3 できるだけ　4 ほとんど

5 シャワー室で水を浪費すべからず。

1 無駄遣い　2 消費　3 廃棄　4 軽視

6 他人の間違いを咎める前に自分自身を省みなさい。

1 見つける　2 指摘する　3 責める　4 告発する

7 力のある投手陣としぶとい攻撃力がこのチームの持ち味だ。

1 こころづよい　2 しんぼうづよい　3 ねばりづよい　4 ちからづよい

8 いつもせかせかしてしまい、ゆっくりとした時間を過ごすことができない。

1 むかむか　2 こせこせ　3 もじもじ　4 ばたばた

問題4　**次の言葉の使い方として最もよいものを、1・2・3・4から一つ選びなさい。**

1 模索

1 暇な時はインターネット模索などをしています。
2 警察犬まで動員して模索作業を行っております。
3 新技術を模索して事業の拡張を成し遂げた。
4 卒業後の進路を模索するために相談に乗ってもらった。

2 焦げる

1 焦げるような暑さと水不足でさんざん苦労した。
2 夕飯はサバを焦げて味噌汁と一緒に食べよう。
3 森が焦げているが、乾燥した天気でなかなか鎮火できない。
4 ゴミを焦げる前に窓を開けて換気させてください。

3 でたらめ

1 あんなでたらめな演説をしてお金をもらうのか。

2 そんなでたらめな顔しないで、ちょっと笑ってごらん。

3 健康が回復するまではでたらめに働いてください。

4 先生のお話ならでたらめなものでも心に刻まれます。

4 物騒

1 今回の試合は負けるような物騒な予感がする。

2 そんな物騒な言い方はやめてくれませんか。

3 だんだん物騒な世の中になってきた気がする。

4 物騒ないたずらでも何かを得るかもしれませんね。

5 完璧

1 この品物は現在完璧になりました。

2 彼は完璧犯罪を狙ったのだ。

3 軍の活動は国の完璧に寄与してきたと思います。

4 あくまで中古品ですので、完璧を求める方は入札をお控えください。

6 アクセント

1 この歌はアクセントが早くて歌詞が聞き取れない。

2 ドラムは音楽でアクセントを担当する楽器だ。

3 文化的なアクセントを通して関係改善を進めてきた。

4 アクセントがどこにあるかによって単語の意味が違ってくる。

정답은 P.158

종합 모의고사 ❸

問題 1 ＿＿＿の言葉の読み方として最もよいものを、1・2・3・4から一つ選びなさい。

1 沈殿物ができる場合がありますが、安心してください。

1 ちんせんぶつ　2 ちんぜんぶつ　3 ちんてんぶつ　4 ちんでんぶつ

2 人情が薄れていく一方だ。人類の未来はどうなるんだろう。

1 じんじょう　2 じんじょ　3 にんじょう　4 にんじょ

3 一つ屋根の下に三世代が仲良く同居している。

1 どうきょ　2 どうきょう　3 どうぎょ　4 どうぎょう

4 政府はこれ以上少子化問題に顔を背けてはいけません。

1 そむけては　2 せむけては　3 しむけては　4 かたむけては

5 このサイトは脳を鍛えて頭が良くなる方法を教えてくれる。

1 かたえて　2 きたえて　3 こたえて　4 けたえて

6 その会社の健全な財務構造は画期的なリストラあってのものだ。

1 げっきてき　2 がっきてき　3 けっきてき　4 かっきてき

問題 2（　　　）に入れるのに最もよいものを、1・2・3・4から一つ選びなさい。

7 心肺停止状態になった市民に適切な応急（　　　）をしたとして、消防本部から感謝状を贈られた。

1 観察　2 措置　3 処理　4 管理

8 実習の期間は必ず胸に（　　　）を付けていてください。

1 名刺　2 名札　3 名簿　4 名称

9 英語が難しいというのは（　　　）嘘でもありませんが、私はそう思いません。

1 まんざら　2 おのずから　3 かならず　4 みっちり

10 容疑者と被害者の（　　　）があったのは7割を上回った。

1 誘惑　2 犯罪　3 面識　4 模範

11 厳しい発言かもしれませんが、我が社のために（　　　）お話しします。

1 せめて　2 かつて　3 だんじて　4 あえて

12 観光客はためらうことなく列に（　　　）。

1 割り入れた　2 割り合せた　3 割り込んだ　4 割り込めた

13 両国の関係において新たな里程（　　　）を示す契機となった。

1 表　2 票　3 漂　4 標

問題3 ＿＿＿の言葉に意味が最も近いものを、1・2・3・4から一つ選びなさい。

14 我がチームは強豪オランダを相手にもひるむことなく攻めた。

1 はばむ　2 まける　3 ふるえる　4 あきらめる

15 インドのカレーは水臭くて日本人の口には合わないかもしれない。

1 みずみずしくて　2 みずっぽくて　3 みすぼらしくて　4 こくて

16 仕事が終わってからシャワーを浴びてほどなく夕飯の時間になった。

1 そろそろ　2 もうすぐ　3 やがて　4 ちょうど

17 上司にこびるごますりが昇進していくと言っているが実相はそうでもない。

1 たよる　　2 へりくだる　　3 したがう　　4 へつらう

18 彼は1万の兵士を指揮して10万の大軍を撃退した伝説的な将軍だ。

1 みちびいて　　2 ひきいて　　3 もちいて　　4 きたえて

19 この曲の雰囲気を天気になぞらえるなら爽やかな朝のようだ。

1 比較する　　2 比喩する　　3 推測する　　4 推理する

問題4 次の言葉の使い方として最もよいものを、1・2・3・4から一つ選びなさい。

20 ぽつぽつ

1 売上がぽつぽつ上がっていてよかった。
2 民家がぽつぽつ建っている寂しい所だった。
3 もうぽつぽつ子供が帰ってくる時間ですね。
4 日曜日は何もしないで一日中ぽつぽつした。

21 補強

1 メンバーを補強して次の試合に万全を期する。
2 彼は何を食べても塩を入れて味を補強する。
3 3時から補強があるから呼ばれた人は残ってください。
4 いろんな問題が発生している。制度の補強が至急だ。

22 ぶかぶか

1 風船がぶかぶかと空に舞い上がった。
2 春雨がぶかぶか降った日、彼女に出会った。
3 選手たちの目から大粒の涙がぶかぶか落ちた。
4 最近急にやせてズボンの腰がぶかぶかになった。

23 几帳面

1 彼女はいつも几帳面な顔をしている。

2 几帳面に捜してみたがどこにもなかった。

3 森(もり)さんは先生の話を几帳面に書き留めた。

4 ベテランらしい几帳面な演奏だった。

24 堕落

1 最近、軍の威信を堕落しているニュースが多くなった。

2 金権選挙が横行するこの時代、もう民主主義は堕落してしまった。

3 もし飛行機が堕落しそうな状況になったら、乗務員の指示に従ってください。

4 警察に追われていた犯人は走行中の乗り物から堕落してしまい、死亡してしまった。

25 インターチェンジ

1 高速道路にはインターチェンジがなくて運転しやすい。

2 インターチェンジが長すぎると事故の危険が高くなる。

3 皆さん、次のインターチェンジで降りて食事をします。

4 インターチェンジを通過したからもうすぐ到着だ。

CHAPTER 7~12 종합 모의고사 4

問題1 ＿＿＿の言葉の読み方として最もよいものを、1・2・3・4から一つ選びなさい。

1 ２２日午前、５人の登山家が雪崩に巻き込まれ、うち２人が行方不明となった。

1 ゆきだれ　　2 ゆきくずれ　　3 なだれ　　4 なくずれ

2 原油流出は１５日に止まり、米政府は１９日、油井の完全封鎖を発表している。

1 ふうさ　　2 ふうしょう　　3 ほうさ　　4 ほうしょう

3 このあたりは未舗装の路面ばかりか、雑草まで伸び放題だ。

1 ほうしょう　　2 ほうそう　　3 ほしょう　　4 ほそう

4 犯人は人質とあの建物の地下に立てこもっている。

1 にんしつ　　2 にんじち　　3 ひとしつ　　4 ひとじち

5 青木(あおき)さんはギターの演奏をして生活費を賄っている。

1 おぎなって　　2 もうけて　　3 まかなって　　4 かせいで

6 思わず友だちに気障なことを言ってしまった。

1 きしょう　　2 けしょう　　3 きざ　　4 けざ

問題2 (　　　)に入れるのに最もよいものを、1・2・3・4から一つ選びなさい。

7 競争相手がいないからといって (　　　) に練習してはいられない。

1 気軽　　2 怠業　　3 怠慢　　4 後退

8 疲れすぎてもう自転車のペダルを（　　　）力も無い。

1 押す　2 踏む　3 引く　4 漕ぐ

9 趣味の生活に熱中したあまり、本業が（　　　）になった。

1 おろそか　2 おごそか　3 なめらか　4 なだらか

10 ある日から部屋に（　　　）ゲームばかりしている。

1 とじこめて　2 とじこんで　3 とじこもって　4 とじごもって

11 ペッパーは食欲を（　　　）効果があるみたい。

1 そえる　2 そそる　3 さえる　4 さそう

12 原稿の締め切りを一週間（　　　）ことになった。

1 持ち切る　2 持ち込む　3 持ち越す　4 持ち上げる

13 夏休みの日程は、社員の（　　　）に即して決めます。

1 要請　2 質問　3 要望　4 支援

問題3 ＿＿＿の言葉に意味が最も近いものを、1・2・3・4から一つ選びなさい。

14 このマニュアルの説明はややこしい。

1 明確だ　2 奇妙だ　3 複雑だ　4 簡潔だ

15 どの国でも子供たちが集まるとかしましいものだ。

1 やかましい　2 あつかましい　3 いさましい　4 たくましい

16 学校の敷地を買い入れる資金の手当をしなければならない。

1 融通　2 準備　3 借金　4 投資

17 建設会社は施工にかかる費用を大まかに見積もってくれました。

1 てきとうに　2 きちょうめんに　3 ろくに　4 おおざっぱに

18 相手にはっきり言えず、陰でひそひそと言ってしまう性格だ。

1 こそこそ　2 くすくす　3 しくしく　4 ぐらぐら

19 スミスさんはヒアリングの点数が低くて悩んでいます。

1 聞き書き　2 聞き取り　3 聞き入れ　4 聞き合せ

問題4 **次の言葉の使い方として最もよいものを、1・2・3・4から一つ選びなさい。**

20 おろか

1 胃を痛めてご飯はおろかおかゆも食べられない。

2 彼は英語はおろか日本語や中国語などもぺらぺらだ。

3 まだ応用おろか基本も難しい段階だ。

4 安全設計におろかは定評があるメーカーだ。

21 麻酔

1 麻酔した良心で道端はゴミだらけになってしまった。

2 麻酔が利かなくて痛みは全然感じなかった。

3 全身麻酔は美容によく利くからすすめたいです。

4 局部麻酔にかけては南病院が一番有名だ。

22 持て余す

1 疲れた時、暇を持て余す。

2 先生を持て余す生徒たち。

3 暇で体を持て余す。

4 飴を持て余す子供たち。

23 真っ当

1 宝くじが真っ当になって金持ちになった。

2 真っ当な人には仕事を任せたくない。

3 真っ当な意見ばかりで聞くまでも無い。

4 真っ当な国民投票を実現するために努めなければならない。

24 もじもじ

1 女の子の前ではいつももじもじしてしまう。

2 そんなにもじもじしてもどうせ間に合わないよ。

3 彼はもじもじしながらも彼女と離婚した。

4 もじもじしていないで早く寝なさい。

25 チャンネル

1 各放送局ごとに競争的なチャンネルを作っています。

2 テレビのチャンネルに問題が生じて画面が映らない。

3 毎晩、妻とチャンネル争いをしている情けない男だ。

4 テレビのチャンネルが合わなくて音がはっきり聞こえない。

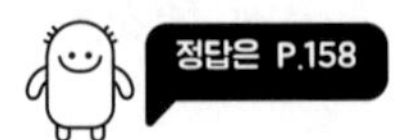

부록

최종 모의고사 1

問題1 ＿＿＿の言葉の読み方として最もよいものを、1・2・3・4から 一つ選びなさい。

1 森(もり)さんは芸術界に広い人脈があります。

1 にんみゃく　2 にんびゃく　3 じんみゃく　4 じんびゃく

2 大統領の最側近の不祥事が暴露された。

1 ぼうろ　2 ぼうろう　3 ばくろ　4 ばくろう

3 高齢者を狙う巧妙な詐欺の手口はたくさんあるそうだ。

1 こうみょう　2 こうびょう　3 ごうみょう　4 ごうびょう

4 現庁舎の跡地を利活用する政策が打ち出された。

1 せきつち　2 せきち　3 あとつち　4 あとち

5 相次ぐ児童虐待事件に強い憤りを覚えた。

1 ねばり　2 かしこまり　3 いきどおり　4 うけたまわり

6 学生なのにパチンコ漬けの生活を続けているなんて愚かな奴だ。

1 ばか　2 おろか　3 はるか　4 ほのか

問題 2 (　　　)に入れるのに最もよいものを、1・2・3・4から一つ選びなさい。

7　銀行の金利が低くなり、預金者の（　　　）収入の減少は避けられない。

1 家賃　　2 賃金　　3 利益　　4 利子

8　葉っぱが水を（　　　）性質を究明し、防水シートを開発した。

1 弾く　　2 絡む　　3 絞る　　4 逃がす

9　うちの子は学校から帰ると（　　　）ゲームばかりしていて心配だ。

1 たちまち　　2 もっぱら　　3 すなわち　　4 たまたま

10　木村（きむら）さんは巨匠たちの演奏に近づこうと（　　　）努力をした。

1 たくましい　　2 すさまじい　　3 おびただしい　　4 けたたましい

11　この辞書は、わずか1年で（　　　）されるようになった。

1 改革　　2 改定　　3 改訂　　4 改正

12　給食費の無料化は福祉政策の（　　　）であることを注目すべきだ。

1 一切　　2 一斉　　3 一環　　4 一掃

13　我が社は２０才から６０才までの（　　　）年齢層の方々が活躍している。

1 幅広い　　2 平たい　　3 華々しい　　4 久しい

問題3 ＿＿＿の言葉に意味が最も近いものを、1・2・3・4から一つ選びなさい。

14 こちらが社員の憩いの場となっております。

1 リフレッシュスペース　2 リラックスムード
3 ロッカールーム　4 ミーティングルーム

15 この件については取引先の意向を打診した方がよかろう。

1 考えを伺う　2 お願いする　3 要望する　4 交渉する

16 理事長をたたえる者は誰もいなかった。

1 非難する　2 指摘する　3 称賛する　4 詰問する

17 新事業の準備も着々と進んでいる。

1 じょじょに　2 てきぱき　3 つぎつぎ　4 ぞくぞく

18 遺言の全部または一部を取り消す場合、弁護士に依頼してください。

1 撤回する　2 撤去する　3 貫通する　4 貫徹する

19 現地からの通報を受けた局長はむっとしたようだった。

1 ため息をついていた　2 びっくり仰天した
3 不機嫌な顔をしていた　4 困惑した表情を見せた

問題4 **次の言葉の使い方として最もよいものを、1・2・3・4から一つ選びなさい。**

20 大らか

1 今度の交渉は大らかな成果をあげるに相違ない。

2 業績も大らかに伸び、ボーナスを期待する声が多い。

3 大らかな人は本人はもとより周りにも元気にしてくれる。

4 若いうちに大らかに勉強しておかないと後になって後悔する。

21 ためらう

1 元彼の結婚式に出席するかどうかためらっている。

2 朝、美味しい空気を吸い、ためらう気持ちになる。

3 お金をためらって新しい会社を立ち上げる計画がある。

4 最近、残業が多過ぎてストレスがためらってばかりだ。

22 脱線

1 彼の行為は外交官としての本分を脱線している。

2 最近、脱線に走る中高生が多すぎて社会的な問題となっている。

3 激しい運動をしたせいか、胃腸が脱線してしまい入院する始末になった。

4 面接の時、質問の趣旨から脱線しないようにはっきり答えることが大切だ。

23 コンスタント

1 将来の夢のため、毎月コンスタントに貯金している。

2 耐震工法に最適なコンスタント構造物を研究している。

3 テレビ画面のコンスタントを調節する方法を教えてください。

4 写真コンスタントに出場するため高価なカメラを購入した。

24 発足

1 この会社を発足した方は元の社長のお父様である。

2 日米の貿易のバランスを保つため、審議会を発足した。

3 この漢方薬の効能は子供の発足に効き目があるそうだ。

4 突然発足が起こったら慌てずに、この番号に連絡すること。

25 質素

1 彼の性格は質素なので、金銭感覚の乏しい人に相違ない。

2 下半期、店の売上高は質素に減っているのでやや不安だ。

3 この品は割れやすいので、質素な素材を用いて補強した方がいい。

4 彼は大手企業の会長でありながら意外と質素な暮らしを送っている。

최종 모의고사 2

問題1 ＿＿＿の言葉の読み方として最もよいものを、1・2・3・4から一つ選びなさい。

1 バナナはおいしさと栄養が<u>凝縮</u>された果物だ。

1 こうしゅく　2 ごうしゅく　3 きょうしゅく　4 ぎょうしゅく

2 そのミッションを<u>遂行</u>するにはいろんな準備過程が必要だ。

1 すいこう　2 すいぎょう　3 しゅうこう　4 しゅうぎょう

3 友達の頑張りに<u>触発</u>されて意欲が高まった。

1 そくはつ　2 しょくはつ　3 そくばつ　4 しょくばつ

4 日本の自殺率はこの10年間で<u>顕著</u>に減ってきた。

1 けんしょ　2 けんしょう　3 けんちょ　4 けんちょう

5 彼女は派手なイメージとは<u>裏腹</u>に地味な生活をしているそうだ。

1 うらぎり　2 ぎりうら　3 はらうら　4 うらはら

6 バスケの人気はスター選手の不足で<u>廃れて</u>きた。

1 すかれて　2 あられて　3 あふれて　4 すたれて

問題2 (　　　)に入れるのに最もよいものを、1・2・3・4から一つ選びなさい。

7 この企業は差別化したサービスで世界市場で(　　　)を続けている。

1 躍進　　2 踏襲　　3 基盤　　4 発散

8 最新曲から過去のヒット曲を(　　　)したベスト・アルバムを発売した。

1 一掃　　2 網羅　　3 発足　　4 完結

9 子供たちの無事を知らされて、ほっと(　　　)のため息をついた。

1 駆使　　2 恋　　3 安堵　　4 愛着

10 私は毎日ゲームで多くの時間を(　　　)嫌いがある。

1 偏る　　2 壊す　　3 費やす　　4 潤す

11 強くなるためには(　　　)ライバルの存在が重要だ。

1 取り組む　　2 打ち込む　　3 切り出す　　4 張り合う

12 脱会するメンバーが増えて、オーケストラの雰囲気は(　　　)重くなっていた。

1 すんなり　　2 やんわり　　3 ひそかに　　4 どんより

13 彼女のピアノ演奏はオンライン上で広く(　　　)されて評判を呼んだ。

1 ノウハウ　　2 フォロー　　3 リストアップ　　4 キャリア

問題３ ＿＿＿の言葉に意味が最も近いものを、1・2・3・4から一つ選びなさい。

14 映画は主人公が留学生活を回想するかたちで始まる。

1 こころみる　2 かえりみる　3 きがつく　4 おぼえる

15 講演からミニコンサート、試食会など多岐にわたるイベントを準備している。

1 様々な　2 高尚な　3 特色ある　4 水準ある

16 老教授は国の政治をやんわりと非難した。

1 ストレートに　2 老骨に　3 婉曲に　4 突然

17 児童虐待防止法を強化すべきだと私はかねがね思ってきた。

1 たまに　2 かねて　3 おのずと　4 かろうじて

18 株式市場が安定してきたが、外国人の投資者の姿はまばらだ。

1 全然ない　2 まだまだある　3 変化がない　4 あんまりない

19 結論を出すために論文の最初から最後まで丹念に点検した。

1 きちょうめんに　2 ねんのために　3 しきりに　4 かろうじて

問題4 **次の言葉の使い方として最もよいものを、1・2・3・4から一つ選びなさい。**

20 たどる

1 いつか母国を訪ね、幼い頃の記憶をたどっていきたい。

2 選手たちはずっと高級ホテルにたどった。

3 この街には昔の思い出がたどっている。

4 人生の知恵がたどっている本だと思って大切にしています。

21 朗報

1 地球の反対側から大きな朗報が届いた。

2 突然の朗報に学生たちはショックを受けて言葉を失った。

3 この掲示板にはいつも余計な朗報が貼ってある。

4 毎日上司に営業実績を朗報するのは嫌だ。

22 意気込み

1 彼は自分の仕事が意気込みだった。

2 なんとしても合格させたいという意気込みで教えた。

3 お客様の意気込みに添えず申し訳ございません。

4 部長から意気込みを言われて気持ち悪かった。

23 すがすがしい

1 彼の実力はすがすがしい勢いで成長していった。

2 君は女にすがすがしいからだめなんだ。

3 最後の試験を終えて、すがすがしい気持ちで映画を見に行った。

4 お金にすがすがしい人は決して金持ちにならないのだ。

24 総じて

1 発送の件は総じてご了承ください。

2 いろんな論文を総じて一冊の本にまとめた。

3 話したいことを総じて話してみなさい。

4 教育水準が低い国は生活水準も総じて低い。

25 手薄

1 人間が再び月に行く可能性は手薄だと思います。

2 両国の関係が悪化して観光客の数がだいぶ手薄になった。

3 先発陣が手薄なチームは良い成績をあげられない。

4 手薄なせせらぎだから子供たちが入っても安心できる。

정답은 P.159

최종 모의고사 3

問題1 ＿＿＿の言葉の読み方として最もよいものを、1・2・3・4から一つ選びなさい。

1 日本には怪獣をもとにした映画と小説が多い。

1 かいしゅ　2 がいしゅ　3 かいじゅう　4 がいじゅう

2 お正月になると帰省する人波で高速道路に限らず街道までも渋滞している。

1 かいどう　2 がいどう　3 まちどう　4 まちみち

3 ドル高円安為替がまたぶり返した。

1 いかえ　2 いがえ　3 かわせ　4 がわせ

4 店内を夏向きに装って客の反応を見る。

1 よそおって　2 からかって　3 うやまって　4 とまどって

5 彼は力が尽きてしまったが、それでも雄雄しく敵に立ち向かった。

1 めめしく　2 おおしく　3 こうごうしく　4 ういういしく

6 新製品の完成は完璧だとはいうものの、若干の問題があったことも看過できない。

1 やっかん　2 にゃっかん　3 じゃかん　4 じゃっかん

問題 2 (　　　)に入れるのに最もよいものを、1・2・3・4から一つ選びなさい。

7 字の中には (　　　) が表れるとよく言われる。

1 人柄　　2 女柄　　3 花柄　　4 家柄

8 取引先との交渉には既に (　　　) がなされていた。

1 裏回し　　2 後回し　　3 根回し　　4 表回し

9 反対されるかと思っていたが、私の企画は (　　　) 通った。

1 すんなり　　2 うすうす　　3 ぼんやり　　4 うずうず

10 (　　　) 作法を軽んじてはいけないです。

1 規則　　2 礼儀　　3 秩序　　4 配慮

11 貸し金が (　　　) しまい、彼は財政的苦境に陥った。

1 焼き付いて　　2 燃え付いて　　3 焦げ付いて　　4 照り付いて

12 息子が蹴ったボールは (　　　) 転がって溝に落ちてしまった。

1 ぞろぞろ　　2 ころころ　　3 どろどろ　　4 ぼろぼろ

13 料理は美味しかったものの、店員さんがぶっきらぼうで (　　　) 愛想だった。

1 非　　2 不　　3 否　　4 無

問題３ ＿＿＿の言葉に意味が最も近いものを、1・2・3・4から一つ選びなさい。

14 そんな中途半端な知識では失敗するにきまっている。

1 生意気　2 生半可　3 生返事　4 生蒸気

15 最近、親に歯向かいする子供が増えているのは深刻な問題だ。

1 たてつく　2 だぶつく　3 もげつく　4 ちらつく

16 エレガントに振舞うことより、先ずは心の方を正しくした方が先だ。

1 滑稽　2 下品　3 上品　4 露骨

17 中田(なかた)さんは課長が言うことを尽く逆らった。

1 ろくに　2 すべて　3 まして　4 とかく

18 兄は伯父に借金を頼んだが、断られてしょんぼりと引き返した。

1 落馬して　2 落下して　3 落胆して　4 落第して

19 社長は色んな苦難に少しもくじけることはなかった。

1 衰退する　2 挫折する　3 仰天する　4 驚愕する

問題4 次の言葉の使い方として最もよいものを、1・2・3・4から一つ選びなさい。

20 折衷

1 君の折衷は分かっているけど、もうちょっと我慢してくれない。

2 和洋折衷の庭なのですけれども、なかなか趣があっていいです。

3 交通事故に遭い、足を折衷してしまい入院せざるを得なかった。

4 一番いい方法が分からなくて、ご折衷を拝借したいものですが。

21 精巧

1 今まで歩んできた道のりは穏やかで、精巧に恵まれました。

2 入試に受かるべく精巧な努力をしている受験生は非常に多い。

3 この機械は精巧に出来ていて誰しもいい評価をするに相違ない。

4 課長の性格は精巧すぎて、部下のだらしなさを見過ごさなかろう。

22 省みる

1 子供の頃を省みると辛いことが多かった。

2 彼は博打にはまり、妻子を省みなかった。

3 誰かに呼ばれた気がして省みたが、誰もいなかった。

4 自分の日常を省みる習慣がついたら、これからの過ちは防げるだろう。

23 めっそうもない

1 先生はめっそうもなげな顔をしてガンガン怒っている。

2 そんなめっそうもないです。私が出る幕ではありません。

3 1年に着物は一度か二度ぐらい、めっそうもなく着ていない。

4 住みよい街造りのため、めっそうもないことをすべきだと思う。

24 物好き

1 物好きな人はけち臭い人とは限らない。

2 彼女は物好きにも珍しい食べ物をかじってみた。

3 そんな物好き臭いこと言わないで積極的な投資をしてください。

4 彼は欲深で物好きだから、今度の交渉には引き下がる気はないだろう。

25 ちらほら

1 そんなにちらほらしても何も出ないよ。

2 三月なのに街には半袖姿の人もちらほらと見える。

3 人の考え方はちらほらで一つにさせるのはおかしい。

4 授業中、ついちらほらしてしまって先生に叱られた。

최종 모의고사 4

問題１ ＿＿＿の言葉の読み方として最もよいものを、１・２・３・４から一つ選びなさい。

1 彼は軍服の変遷と特徴について研究している。

1 くんふく　　2 くんぷく　　3 ぐんふく　　4 ぐんぷく

2 娘はコンクールを目前に控えているのにピアノの稽古を怠っている。

1 けこ　　2 けいこ　　3 げこ　　4 げいこ

3 会議は偶数付きの水曜日に行いますので、忘れないでください。

1 うすう　　2 すうすう　　3 ぐすう　　4 ぐうすう

4 学生たちは図書館の改築のために寄付を強いた。

1 しいた　　2 ひきいた　　3 もちいた　　4 おそれいた

5 これは亡き父の床しい貴重な形見である時計です。

1 ことしい　　2 ゆかしい　　3 わびしい　　4 ひとしい

6 都心の一等地に豪華な邸宅を建てるのが夢だ。

1 こうか　　2 ごうか　　3 こうかい　　4 ごうかい

問題 2 (　　　)に入れるのに最もよいものを、1・2・3・4から一つ選びなさい。

7 彼のお母さんが有名な芸能人だということは (　　　) だ。

1 初耳　　2 駆け足　　3 地獄耳　　4 裸足

8 審判の誤審で負けてしまい、(　　　) して悔しがる。

1 手ぎしり　　2 舌ぎしり　　3 歯ぎしり　　4 目ぎしり

9 待ちに待ったイギリス美術展を (　　　) しまった。

1 みそこなって　　2 すれちがって　　3 とおりかかって　　4 みまちがえて

10 今度の大惨事の原因はタバコの火の (　　　) によるものだった。

1 不始末　　2 否調和　　3 理不尽　　4 不意

11 この小説は流麗な心理描写で、男女を問わず (　　　) 魅力に満ちている。

1 入り込む　　2 引き込む　　3 割り込む　　4 抜き込む

12 (　　　) 挨拶はぬきにして、さっさと本論に入ろう。

1 つたない　　2 しがない　　3 ぎこちない　　4 みすぼらしい

13 署名の際、(　　　) があるようでしたら、お名前だけでも結構です。

1 差し支え　　2 差し出し　　3 差し込み　　4 差し入れ

問題３ ＿＿＿の言葉に意味が最も近いものを、1・2・3・4から一つ選びなさい。

14 それは誰だってコツさえ覚えれば簡単に出来ますよ。

1 宛名　2 弁解　3 要領　4 暗号

15 彼女のお父さんは教育に携わっているらしい。

1 育成して　2 従事して　3 委託して　4 隠居して

16 大事な書類を無くし、隅々まで探したが、結局見付からなかった。

1 くれぐれも　2 もっぱら　3 ちょっぴり　4 くまなく

17 JRは赤字を補うため、運賃の値上げに踏み切った。

1 を邪魔した　2 を露骨だった　3 を断行した　4 を奮発した

18 難航するだろうと思った交渉がトントン拍子に運んだ。

1 すいすい　2 がやがや　3 こつこつ　4 ごしごし

19 家賃といい、大きさといい、7人家族に手頃な家です。

1 窮屈　2 極端　3 適度　4 過度

問題4　次の言葉の使い方として最もよいものを、1・2・3・4から一つ選びなさい。

20　こころあたり

1 刑事は入念にこころあたりを探している。

2 最近、こころあたりが痛くてならない。

3 こころあたりがちょっと暗いから照らしてください。

4 もう少し頑張ってください。こころあたりであきらめてはいけない。

21　相応

1 昔の百円は今の十万円に相応する金額だ。

2 こんなに厳しい条件に相応する人はいないだろう。

3 我が社は営業実績によって相応の待遇をしている。

4 相応の砂糖を入れるともっとおいしくなります。

22　こびる

1 中国には多くの王朝が興り、そしてこびました。

2 お互いに助け合い、こび合いながら生きていこう。

3 部長は部下には厳しいくせに社長にはいつもこびるから嫌だ。

4 もうここまで来たら、やるほかないのに君はまだこびているか。

23　かしましい

1 鍛え抜かれた彼の姿は本当にかしましかった。

2 女三人寄ればかしましいというが、本当なのか。

3 彼は大人しいというよりかしましいというのがぴったり。

4 課長は酒に酔うと話がかしましくなるので一緒に飲みたくない。

24 まんざら

1 まんざら火事になったら迅速に避難してください。

2 寝る間も惜しまずに努力するとまんざら成功するだろう。

3 クラス委員に選ばれた彼はまんざらでもない顔付きだった。

4 迷ったあげく、大学院には進学しないことをまんざら決めた。

25 ぎくしゃく

1 逆立ちをぎくしゃくと出来る学生は多くなかった。

2 彼女は難関である司法試験をぎくしゃくと合格して。

3 そのことがあって以来二人の関係がぎくしゃくしてきた。

4 隣のピアノの音がぎくしゃくと聞こえて勉強出来なかった。

정답은 P.159

최종 모의고사 5

問題1 ＿＿＿の言葉の読み方として最もよいものを、1・2・3・4から一つ選びなさい。

1 装備の事情で着工が一ヶ月遅れることになりました。

1 ちゃっこう　2 ちゃっくう　3 ちゃっこ　4 ちゃっく

2 民俗村で陶器を直接作ってみる体験をした。

1 どうき　2 とうき　3 どき　4 とき

3 居酒屋はもう飽和状態だから創業成功の可能性が低い。

1 ほうわ　2 ほわ　3 ぼうわ　4 ぼわ

4 社会に報いるために献身的に奉仕する。

1 むこいる　2 むかいる　3 むこいる　4 むくいる

5 気紛れな親の下で育った子供は情緒が不安定なことが多い。

1 きごなれ　2 きくずれ　3 きまぐれ　4 きまずれ

6 遺産をめぐって兄弟仲が険悪になってしまいました。

1 けんおく　2 けんなく　3 けんあく　4 けんじゃく

問題 2 (　　　)に入れるのに最もよいものを、1・2・3・4から一つ選びなさい。

7 最近 (　　　) 具合が悪くて健康検診を受けてみました。

1 いまに　2 いまさら　3 いやに　4 いやいや

8 今日中に目標を達成するのは (　　　) 無理だ。

1 大層　2 到底　3 相当　4 格別

9 あるテロ団体が秘密 (　　　) に武器を輸出していたに違いない。

1 端　2 奥　3 隅　4 裏

10 昼間から飲酒運転の (　　　) をしている。

1 取り締まり　2 取り引き　3 取り扱い　4 取り押さえ

11 日本人は誰でも可愛らしい (　　　) が好きなようだ。

1 アニメ　2 キャラクター　3 スキャナー　4 メディア

12 平易な文章だから分ると思うけど (　　　) 解釈すればこんな意味だ。

1 まして　2 しいて　3 さも　4 ひいて

13 彼は失敗続きでも (　　　) ずにやっていきました。

1 くじけ　2 まごつか　3 またれ　4 ずらさ

問題３ ＿＿＿の言葉に意味が最も近いものを、1・2・3・4から一つ選びなさい。

14 てっきり標準語だと思っていたが実は方言だった。

1 多分　2 大抵　3 間違いなく　4 くまなく

15 この装置は機械の稼働に一向に差し支えがないように設計されました。

1 支障　2 故障　3 故意　4 位置

16 金持ちほどつつましい身なりをしている場合が多い。

1 華麗な　2 素直な　3 質素な　4 野暮な

17 会社には内緒で副業をやっていました。

1 徹底　2 時折　3 秘密　4 内需

18 いつ叱られるかと怖くてびくびくする。

1 がりがり　2 ぶるぶる　3 ばりばり　4 ごろごろ

19 外国人と思う存分フリートーキングできるクラスがほしいです。

1 気軽に　2 気楽に　3 思い上がり　4 思い切り

問題4　**次の言葉の使い方として最もよいものを、1・2・3・4から一つ選びなさい。**

20　鮮やか

1 木で作られた本棚から鮮やかな匂いがしている。

2 鮮やかな色の家具が置かれていてとても華やかに見える。

3 いやいや働かないで鮮やかに諦めた方がよさそうだ。

4 釣ったばかりの魚は、鮮やかでとてもおいしい。

21　ぴんぴん

1 入院している友達を見舞いに行ったが彼はぴんぴんしていた。

2 おじいさんは８０歳をすぎているがぴんぴん運動している。

3 映画館の画面が大きすぎて頭がぴんぴんする。

4 年取ってもぴんぴんするために体力管理に気を配っている。

22　一括

1 今年は会社の同僚と一括に夏休みを過ごすことにした。

2 マグロ一皿とヒラメ一皿、一括して１万です。

3 課の統合でいろんな業務を一括して処理することになった。

4 難解な主題の論述問題を一括に書き上げるなんて。

23　そらす

1 申し訳ございません。社長はただいま席をそらしております。

2 仕事に夢中になって昼ごはんをそらすことがある。

3 彼女は不利な状況になると、話をうまくそらす。

4 壁から古い絵や飾り物をそらしたら、一層奇麗に見えた。

24 つつく

1 望遠鏡から鳥が木の実をつつくのが見えた。

2 夢か現実かほっぺたをつついてみた。

3 乳をつつく赤ちゃんの姿はあまりに可愛らしい。

4 犬が餌をつつかないでいる。どうしたんだろう。

25 どうやら

1 君が言わなくてもどうやら知っているだろう。

2 女の心はどうやら見当がつかない。

3 あっちに立っている人はどうやら田中(たなか)君のようだ。

4 手術費はどうやら、治る可能性はあるんですか。

최종 모의고사 6

問題1 ＿＿＿の言葉の読み方として最もよいものを、1・2・3・4から一つ選びなさい。

1 大統領は国民の前で衝撃的な発言をした。

1 しゅうげき　2 しょうげき　3 じゅうげき　4 じょうげき

2 幼い時からめったに譲歩しない性格だった。

1 ようぼ　2 ようほ　3 じょうぼ　4 じょうほ

3 政府はいろんな政策で出産を奨励している。

1 しょうれき　2 しょうりょ　3 しょうれい　4 しょうらい

4 蛇口をひねったら濁った水が出てきた。

1 きよった　2 まじった　3 うるおった　4 にごった

5 金持ちの上に美人な彼女を妬まずにはいられない。

1 ねたまず　2 にくまず　3 しっとまず　4 このまず

6 結婚の承諾を得るために彼女の前にひざまずいてはばからない。

1 しょうらく　2 しょうにん　3 しょうだく　4 そうけい

問題 2 (　　　)に入れるのに最も よいものを、1・2・3・4から一つ選びなさい。

7 私の主張は単なる (　　　) ではなく、確たる証拠に基づいている。

1 模索　　2 思案　　3 推測　　4 推移

8 そんな (　　　) こと言わないでください。

1 水臭い　　2 さび臭い　　3 酒臭い　　4 熱臭い

9 新製品の原価をめぐって社長と専務の間に (　　　) が生じた。

1 思い違い　　2 考え違い　　3 食い違い　　4 迷い違い

10 雨で桜が (　　　) になってしまった。

1 袖無し　　2 目無し　　3 文句無し　　4 台無し

11 寒中水泳とは (　　　) 人ですね。

1 物好きな　　2 きれい好きな　　3 噂好きな　　4 話し好きな

12 携帯電話は (　　　) 進化する。

1 絶え間なく　　2 切り間なく　　3 断ち間なく　　4 裁ち間なく

13 政治的状況は (　　　) 緊張感が高まった。

1 日増しに　　2 月増しに　　3 日々増しに　　4 月々増しに

問題３ ＿＿＿の言葉に意味が最も近いものを、1・2・3・4から一つ選びなさい。

14 家賃の滞納のことで大家さんにうるさく言われて不愉快な思いをした。

1 つどい　2 まとまり　3 ととのい　4 とどこおり

15 悲惨な貧乏生活を経験してみるのも悪くないよ。

1 みじめな　2 ぞんざいな　3 おおざっぱな　4 めちゃめちゃな

16 怪しくうろついている人がいたら、すぐ逃げなさいよ。

1 うわついている　2 まごついている　3 ぶらついている　4 おちついている

17 今はひたすら勉強に気を入れる時期だと思う。

1 もっぱら　2 まんざら　3 めったに　4 なるべく

18 今年の大根の収穫は、押しなべて豊作だった。

1 大体　2 一向　3 何分　4 一概

19 岡田(おかだ)監督は記者会見で『国を背負う気持ちでがんばります』と答えた。

1 せかす　2 しょう　3 せがむ　4 もたれる

問題4 次の言葉の使い方として最もよいものを、1・2・3・4から一つ選びなさい。

20 密集

1 彼は趣味でバッジを密集しています。

2 ここの大会には世界中の料理が密集している。

3 ここは貧困層が密集している地域だと言われている。

4 会社員バンドで新しいメンバーを密集している。

21 執着

1 台風の中、飛行機が無事に執着しました。

2 ボンドを使って壁に強く執着してください。

3 何回も引っ越した末、ここに執着したんです。

4 お金に執着する人生ほどかわいそうなことはない。

22 自粛

1 市民団体に示威行為の自粛を要請した。

2 一言の嘘によって人々の自粛を失ってしまった。

3 自粛は辛ければ辛いほど効果的だ。

4 彼女の涙に自粛して譲歩した。

23 ぐるぐる

1 あの選手はいつも腕をぐるぐる回すパフォーマンスをする。

2 私の話を聞いておじいさんはぐるぐる笑った。

3 ロープをぐるぐると引いてください。

4 ぐるぐるした店は誰も行きたがらないでしょう。

24 配属

1 このDVDプレイヤーは3配属で見ることができる。

2 会社で最初に配属された所は総務課だった。

3 田村(たむら)さんは頭の回転が普通の人の配属だ。

4 親からの配属により、財産が大きく増えました。

25 バイヤー

1 大切なバイヤーに会うから、書類をちゃんと用意しておきなさい。

2 このバイヤーは車に負けないスピードを持っているそうだ。

3 平凡な人がバイヤーになるには10年はかかると思います。

4 日本からバイヤーを輸入するつもりです。

정답은 P.159

정답

연습문제

CHAPTER 1 P.12

問題 1	01.①	02.①	03.②	04.③	05.①	06.①	07.②	08.②
問題 2	01.①	02.②	03.④	04.②	05.②	06.②	07.②	08.②
問題 3	01.①	02.③	03.②	04.①	05.③	06.①	07.①	08.③
問題 4	01.④	02.①	03.④	04.①	05.③	06.③		

CHAPTER 2 P.20

問題 1	01.①	02.②	03.③	04.②	05.②	06.③	07.③	08.②
問題 2	01.①	02.②	03.②	04.②	05.②	06.②	07.③	08.②
問題 3	01.②	02.④	03.③	04.①	05.③	06.①	07.①	08.②
問題 4	01.④	02.④	03.①	04.①	05.③	06.①		

CHAPTER 3 P.29

問題 1	01.③	02.②	03.①	04.④	05.②	06.②	07.③	08.②
問題 2	01.②	02.④	03.①	04.③	05.②	06.①	07.②	08.①
問題 3	01.①	02.②	03.①	04.③	05.④	06.③	07.①	08.③
問題 4	01.①	02.④	03.③	04.③	05.①	06.①		

CHAPTER 4 P.38

問題 1	01.②	02.③	03.④	04.③	05.③	06.④	07.②	08.②
問題 2	01.①	02.③	03.①	04.②	05.①	06.②	07.①	08.③
問題 3	01.③	02.③	03.④	04.②	05.②	06.②	07.③	08.③
問題 4	01.④	02.②	03.①	04.①	05.④	06.②		

CHAPTER 5 P.46

問題 1	01.①	02.①	03.④	04.②	05.③	06.③	07.②	08.④
問題 2	01.①	02.②	03.①	04.③	05.①	06.③	07.②	08.②
問題 3	01.①	02.②	03.③	04.①	05.①	06.④	07.①	08.②
問題 4	01.③	02.②	03.④	04.③	05.③	06.①		

CHAPTER 6 P.55

問題 1	01.④	02.②	03.④	04.①	05.②	06.③	07.③	08.②
問題 2	01.④	02.②	03.①	04.②	05.④	06.②	07.①	08.①
問題 3	01.④	02.③	03.②	04.③	05.③	06.④	07.①	08.②
問題 4	01.④	02.③	03.④	04.①	05.②	06.②		

●● 종합 모의고사

CHAPTER 1-6 종합 모의고사 ❶ ─── P.59

問題 1	01.②	02.①	03.①	04.②	05.④	06.②	
問題 2	07.③	08.①	09.③	10.④	11.②	12.①	13.②
問題 3	14.③	15.②	16.③	17.③	18.②	19.①	
問題 4	20.②	21.①	22.②	23.③	24.②	25.①	

CHAPTER 1-6 종합 모의고사 ❷ ─── P.63

問題 1	01.①	02.②	03.③	04.②	05.①	06.④	
問題 2	07.②	08.③	09.②	10.④	11.②	12.②	13.③
問題 3	14.②	15.①	16.④	17.①	18.②	19.④	
問題 4	20.①	21.②	22.②	23.④	24.②	25.①	

●● 연습문제

CHAPTER 7 ─── P.71

問題 1	01.①	02.②	03.③	04.③	05.④	06.①	07.①	08.③
問題 2	01.④	02.③	03.②	04.③	05.①	06.②	07.②	08.④
問題 3	01.③	02.④	03.①	04.④	05.②	06.①	07.②	08.①
問題 4	01.④	02.②	03.④	04.④	05.③	06.①		

CHAPTER 8 ─── P.79

問題 1	01.②	02.③	03.①	04.②	05.①	06.①	07.②	08.①
問題 2	01.③	02.①	03.④	04.②	05.①	06.②	07.④	08.④
問題 3	01.①	02.②	03.③	04.④	05.②	06.③	07.③	08.④
問題 4	01.①	02.④	03.②	04.①	05.④	06.②		

CHAPTER 9 ─── P.87

問題 1	01.④	02.②	03.①	04.②	05.①	06.③	07.③	08.④
問題 2	01.③	02.②	03.③	04.③	05.②	06.②	07.①	08.①
問題 3	01.②	02.③	03.③	04.①	05.③	06.②	07.①	08.③
問題 4	01.④	02.③	03.①	04.③	05.④	06.②		

CHAPTER 10 ——— P.96

問題 1	01.④	02.①	03.④	04.①	05.③	06.②	07.②	08.②
問題 2	01.④	02.②	03.④	04.②	05.③	06.③	07.②	08.④
問題 3	01.②	02.③	03.①	04.③	05.②	06.①	07.③	08.①
問題 4	01.②	02.②	03.④	04.②	05.①	06.②		

CHAPTER 11 ——— P.104

問題 1	01.①	02.③	03.②	04.④	05.①	06.④	07.②	08.③
問題 2	01.④	02.③	03.④	04.③	05.②	06.④	07.①	08.①
問題 3	01.③	02.②	03.①	04.②	05.①	06.②	07.②	08.①
問題 4	01.②	02.④	03.①	04.③	05.②	06.④		

CHAPTER 12 ——— P.113

問題 1	01.③	02.②	03.②	04.③	05.①	06.②	07.④	08.②
問題 2	01.①	02.③	03.③	04.④	05.③	06.①	07.②	08.③
問題 3	01.②	02.①	03.③	04.③	05.①	06.③	07.③	08.②
問題 4	01.④	02.①	03.①	04.③	05.④	06.④		

●● 종합 모의고사

CHAPTER 7-12 종합 모의고사 ❸ ——— P.117

問題 1	01.④	02.③	03.①	04.①	05.②	06.④	
問題 2	07.②	08.②	09.①	10.③	11.④	12.③	13.④
問題 3	14.①	15.②	16.③	17.④	18.②	19.②	
問題 4	20.②	21.①	22.④	23.③	24.②	25.④	

CHAPTER 7-12 종합 모의고사 ❹ ——— P.121

問題 1	01.③	02.①	03.④	04.④	05.③	06.③	
問題 2	07.③	08.④	09.①	10.③	11.②	12.③	13.③
問題 3	14.③	15.①	16.②	17.④	18.①	19.②	
問題 4	20.①	21.④	22.③	23.④	24.①	25.③	

최종 모의고사

1회

P.126

問題 1	01.③	02.③	03.①	04.④	05.③	06.②	
問題 2	07.④	08.①	09.②	10.②	11.③	12.③	13.①
問題 3	14.①	15.①	16.③	17.②	18.①	19.③	
問題 4	20.③	21.①	22.④	23.①	24.②	25.④	

2회

P.131

問題 1	01.④	02.①	03.②	04.③	05.④	06.④	
問題 2	07.①	08.②	09.③	10.③	11.④	12.④	13.②
問題 3	14.②	15.①	16.③	17.②	18.④	19.①	
問題 4	20.①	21.①	22.②	23.③	24.④	25.③	

3회

P.136

問題 1	01.③	02.①	03.③	04.①	05.②	06.④	
問題 2	07.①	08.③	09.①	10.②	11.③	12.②	13.④
問題 3	14.②	15.①	16.③	17.②	18.③	19.②	
問題 4	20.②	21.③	22.④	23.②	24.②	25.②	

4회

P.141

問題 1	01.④	02.②	03.④	04.①	05.②	06.②	
問題 2	07.①	08.③	09.①	10.①	11.②	12.③	13.①
問題 3	14.③	15.②	16.④	17.③	18.①	19.③	
問題 4	20.①	21.③	22.③	23.②	24.③	25.③	

5회

P.146

問題 1	01.①	02.②	03.①	04.④	05.③	06.③	
問題 2	07.③	08.②	09.④	10.①	11.②	12.②	13.①
問題 3	14.③	15.①	16.③	17.③	18.②	19.④	
問題 4	20.②	21.①	22.③	23.③	24.①	25.③	

6회

P.151

問題 1	01.②	02.④	03.③	04.④	05.①	06.③	
問題 2	07.③	08.①	09.③	10.④	11.①	12.①	13.①
問題 3	14.④	15.①	16.③	17.①	18.①	19.②	
問題 4	20.③	21.④	22.①	23.①	24.②	25.①	

JLPT
급소공략 N1 문자·어휘 <2nd EDITION>

지은이 이승근, 박병춘
펴낸이 정규도
펴낸곳 (주)다락원

초판 1쇄 발행 2011년 4월 1일
개정판 1쇄 발행 2018년 9월 10일
개정판 6쇄 발행 2024년 10월 10일

책임편집 송화록, 임혜련, 손명숙
디자인 하태호, 이승현

다락원 경기도 파주시 문발로 211
내용문의: (02)736-2031 내선 460~465
구입문의: (02)736-2031 내선 250~252
Fax: (02)732-2037
출판등록 1977년 9월 16일 제 406-2008-000007호

ISBN 978-89-277-1206-0 14730
978-89-277-1205-3(set)

http://www.darakwon.co.kr

- 다락원 홈페이지를 방문하시면 상세한 출판 정보와 함께 동영상 강좌, MP3 자료 등 다양한 어학 정보를 얻으실 수 있습니다.
- **다락원 홈페이지**에서 "〈2nd EDITION〉 JLPT 급소공략 N1 문자·어휘"를 검색하시거나 표지 날개의 **QR코드**를 찍으시면 **연습문제 및 종합 모의고사, 최종 모의고사의 해석 파일**을 다운로드 하실 수 있습니다.